RELIGIONS

DE

L'ANTIQUITÉ

RELIGIONS
de
L'ANTIQUITÉ

IMPRIMERIE DE E. DUVERGER,
RUE DE VERNEUIL, N° 4.

RELIGIONS DE L'ANTIQUITÉ,

CONSIDÉRÉES PRINCIPALEMENT DANS LEURS FORMES SYMBOLIQUES ET MYTHOLOGIQUES;

OUVRAGE TRADUIT DE L'ALLEMAND

DU DR FRÉDÉRIC CREUZER,

REFONDU EN PARTIE, COMPLÉTÉ ET DÉVELOPPÉ

PAR J. D. GUIGNIAUT,

Membre de l'Institut de France, Professeur à la Faculté des Lettres de l'Académie de Paris.

TOME QUATRIÈME,

SECONDE PARTIE.

PLANCHES.

PARIS,
CABINET DE LECTURE ALLEMANDE
DE J.-J. ROSSBUHL, RUE GUÉNÉGAUD, N° 5.

M DCCC XLI.

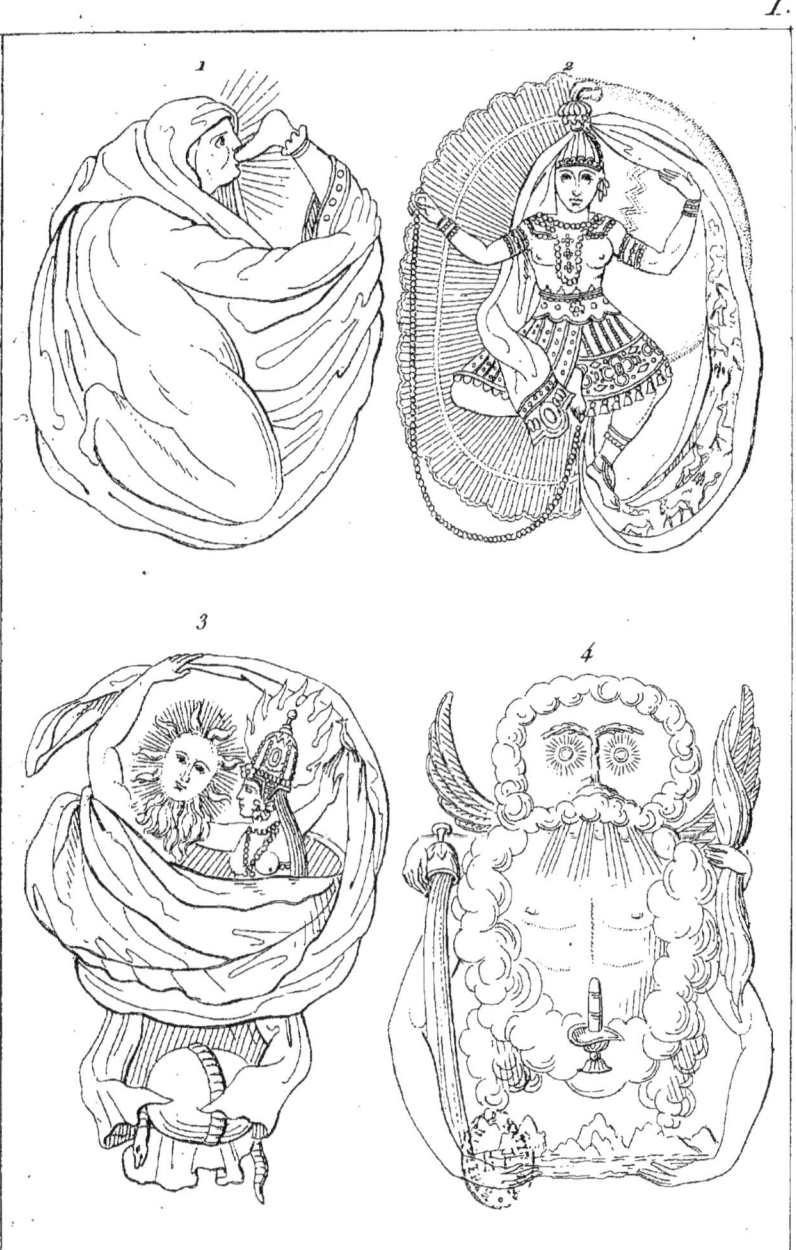

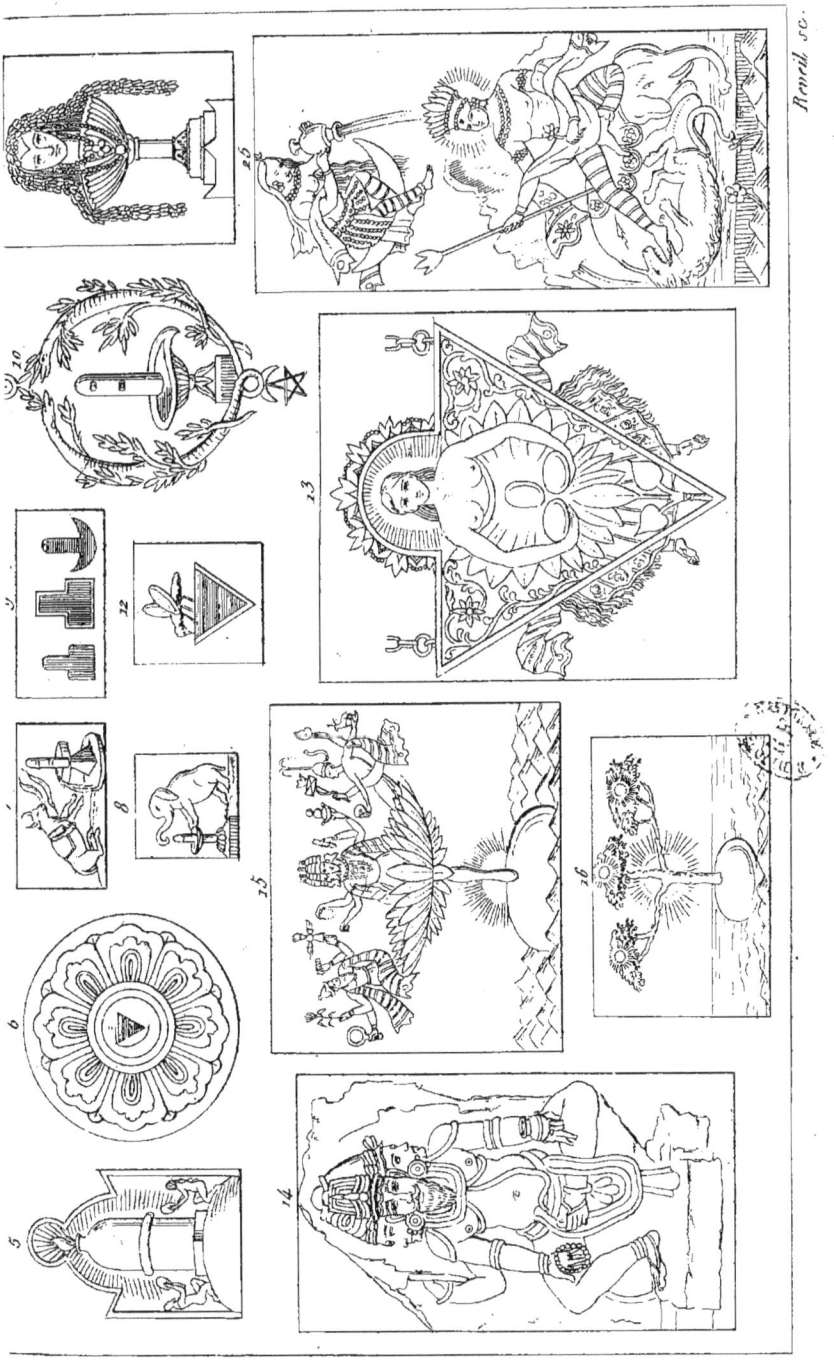

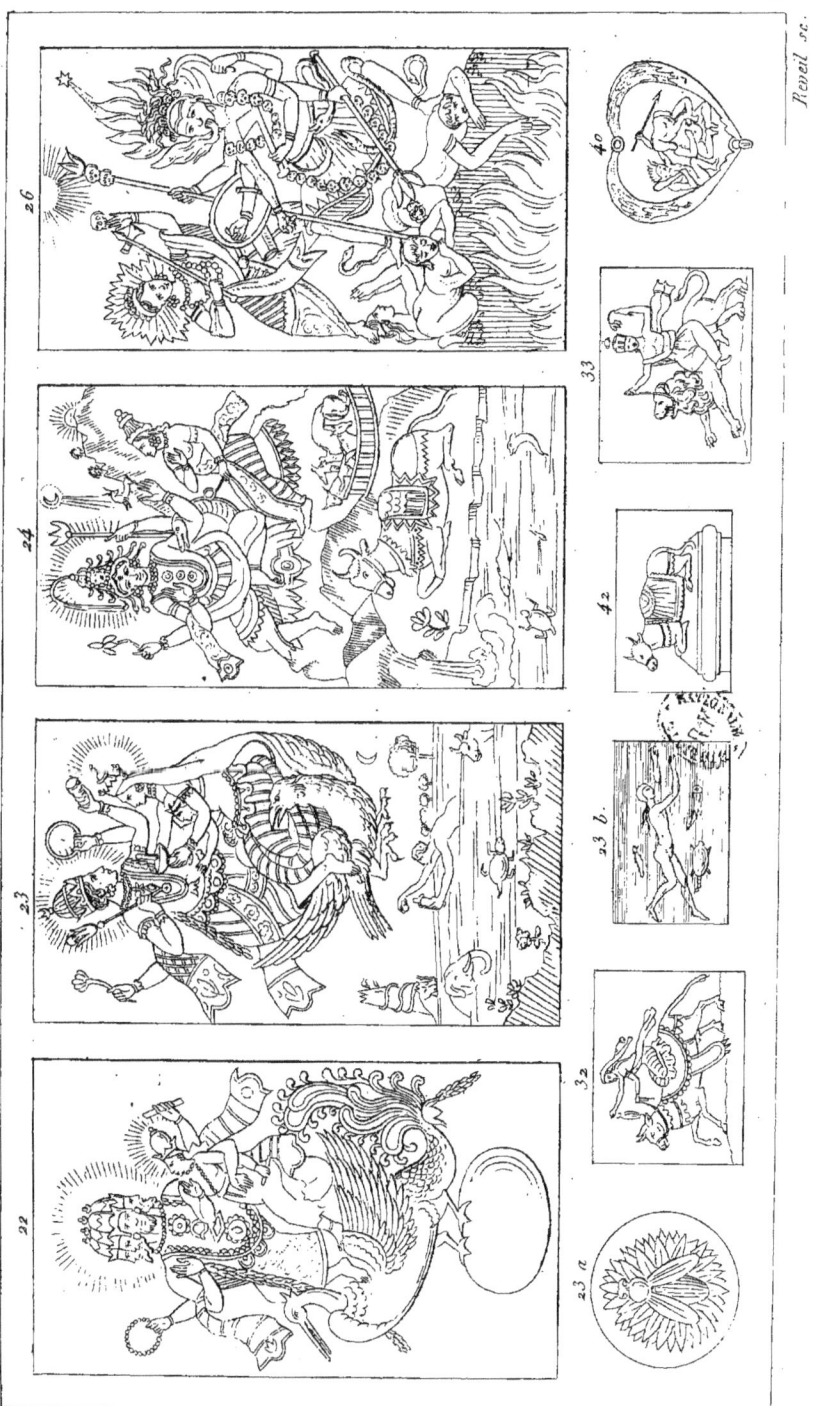

VII.

Reveil sc.

VIII.

Revail sc.

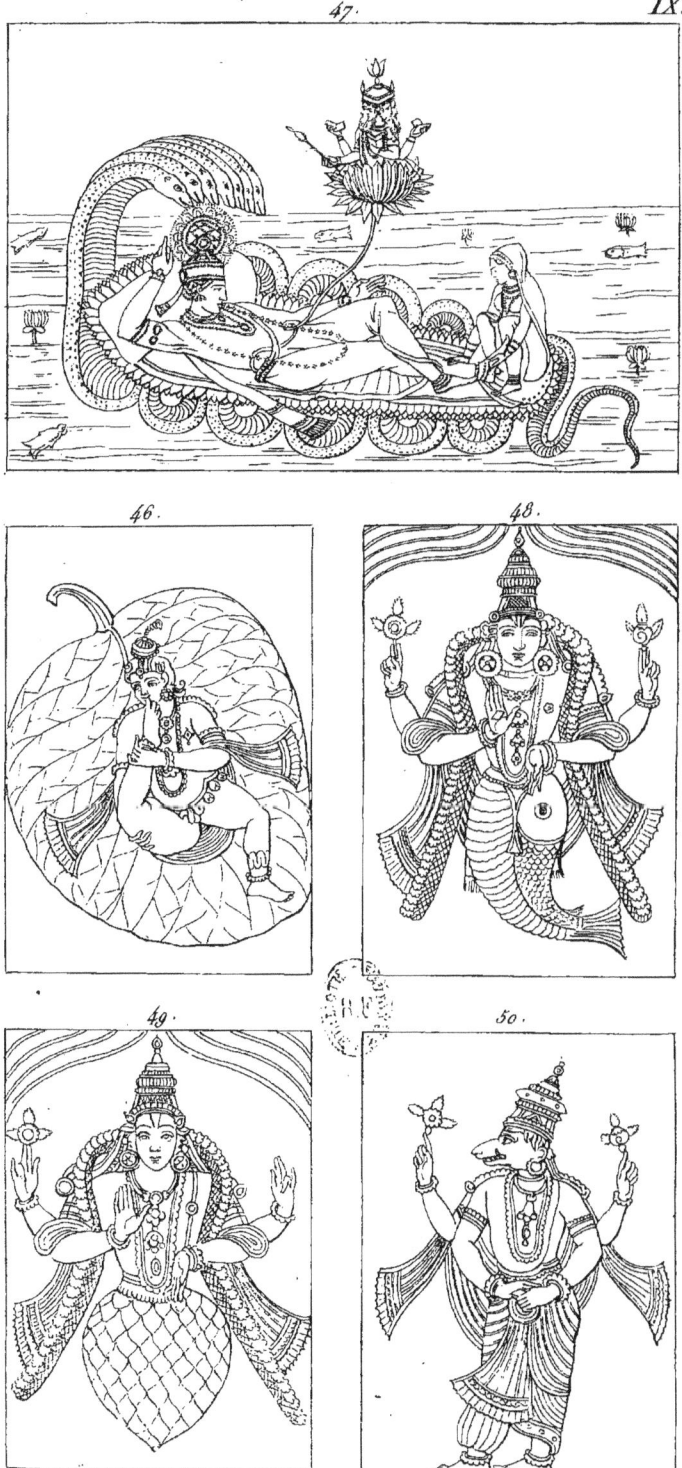

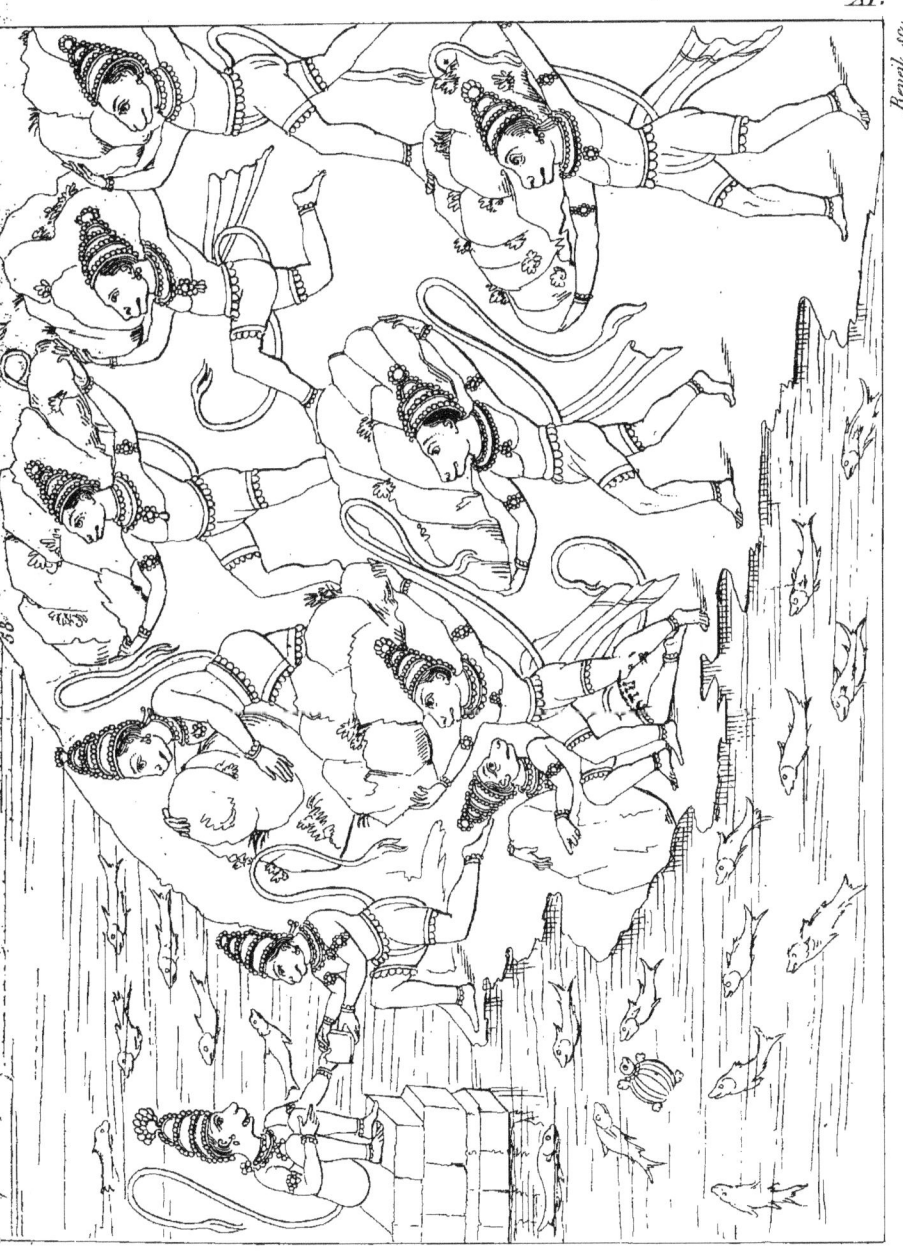

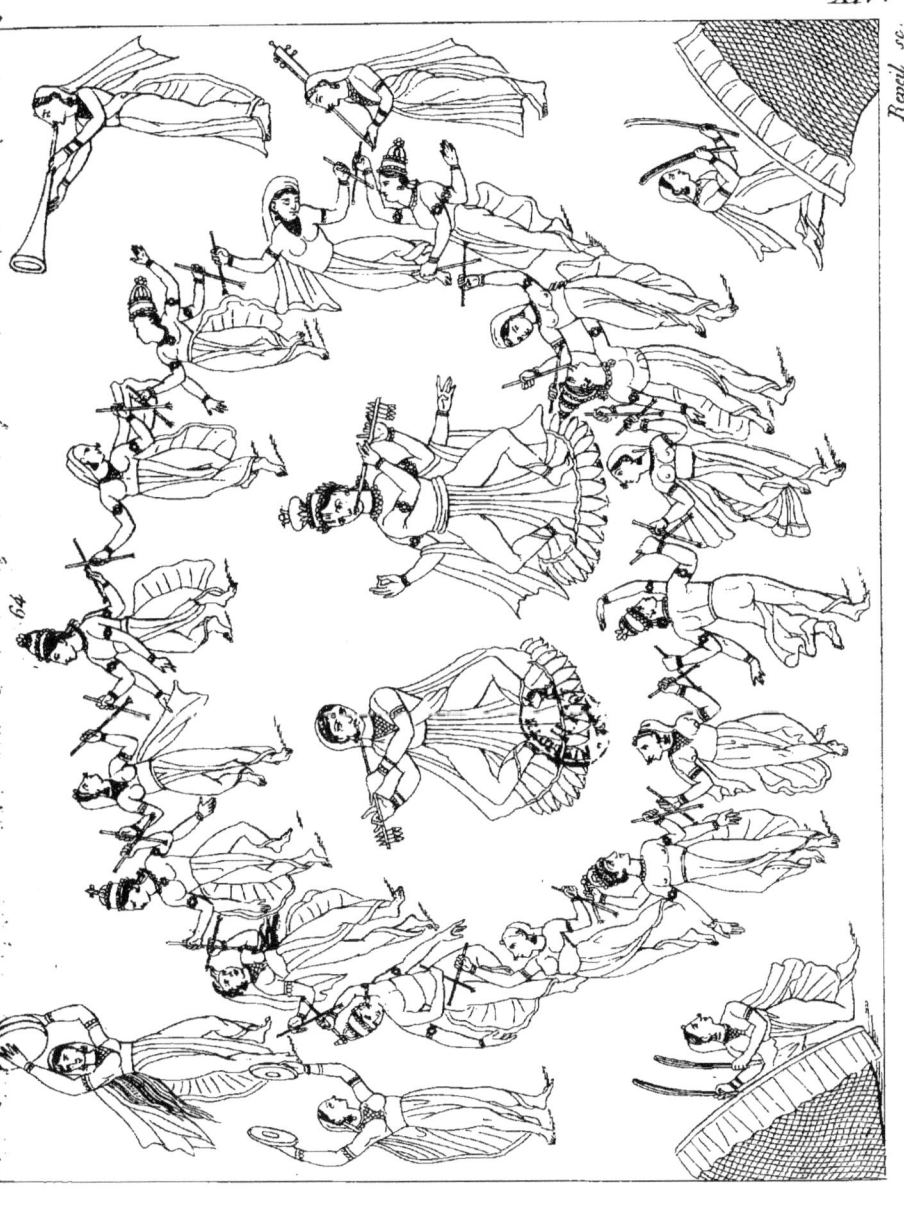

XVI.

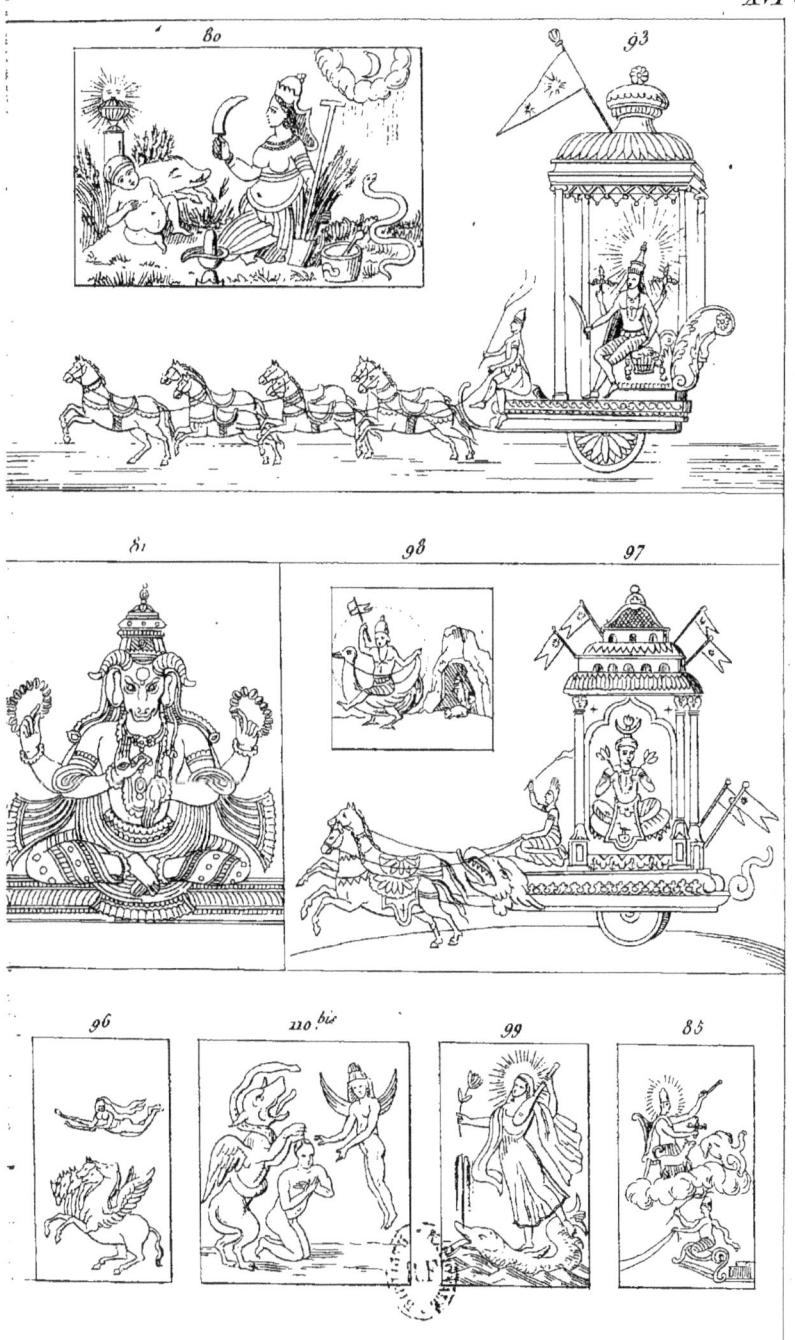

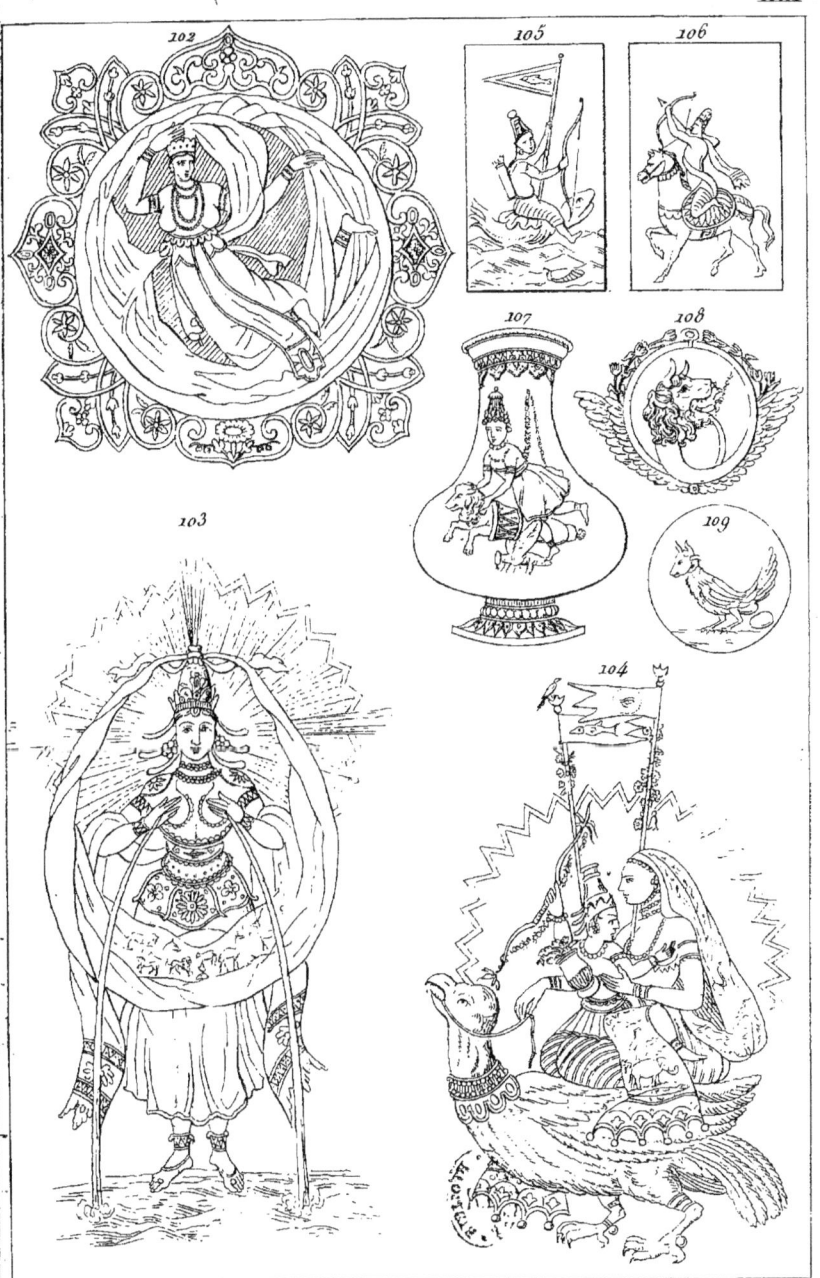

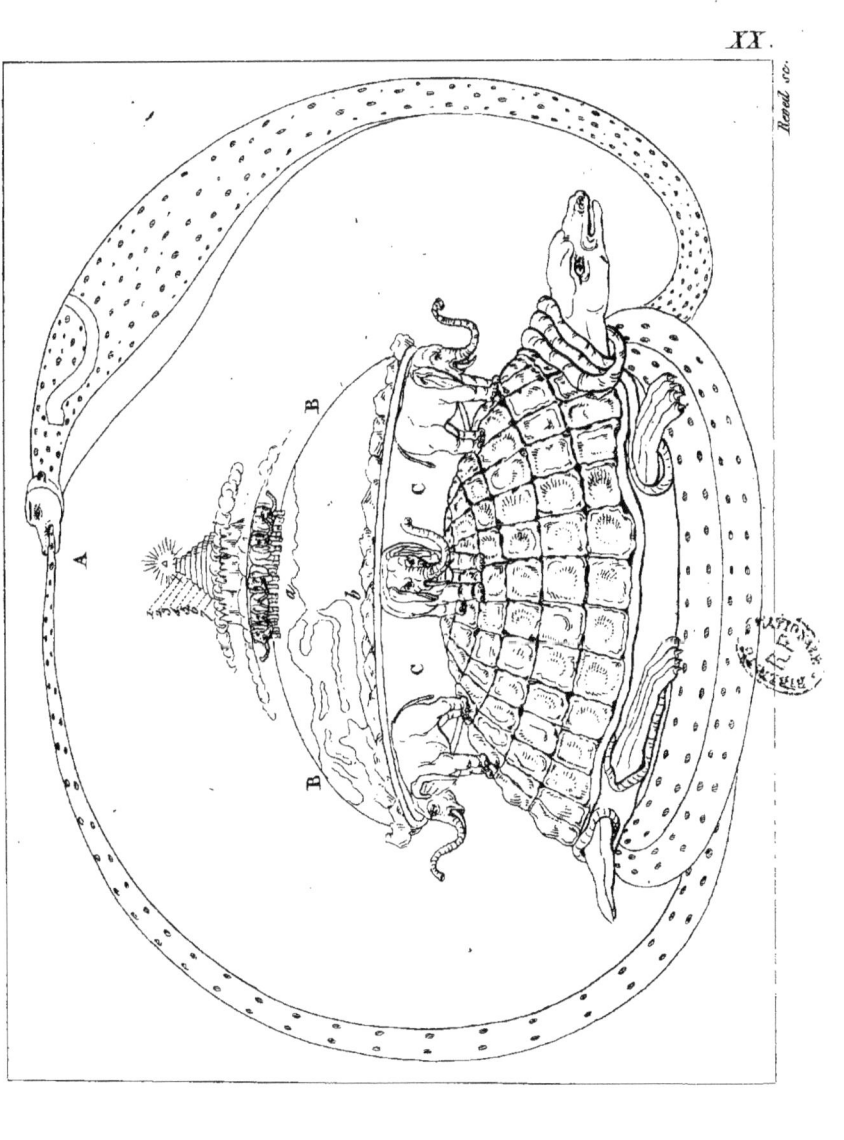

XXI.

117. XXII.

117.a

125.

125.a

117.b

Reveil sc.

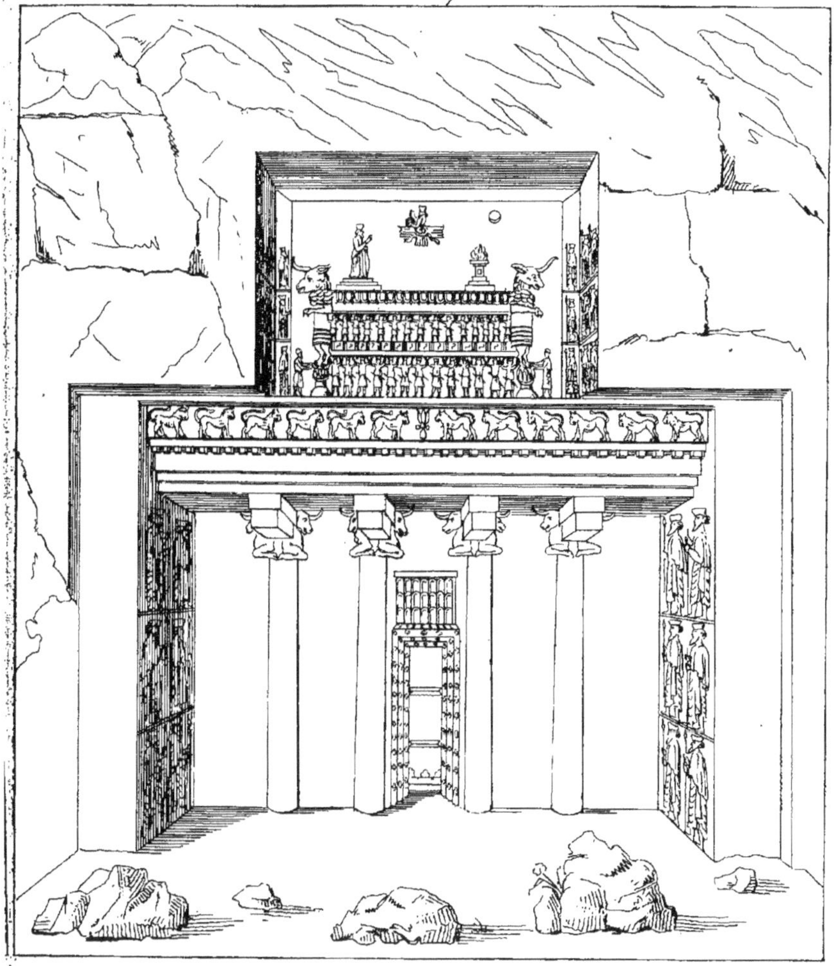

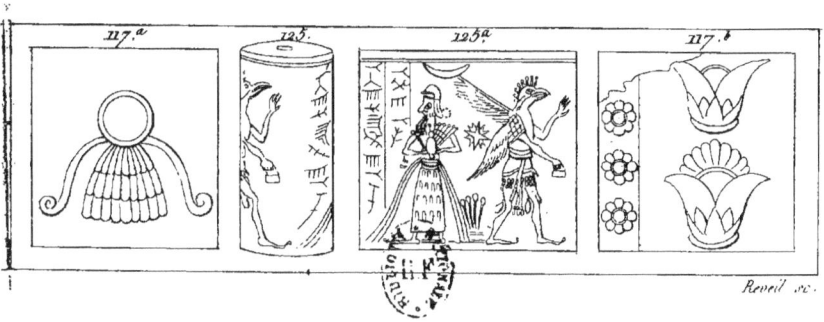

XXIII.

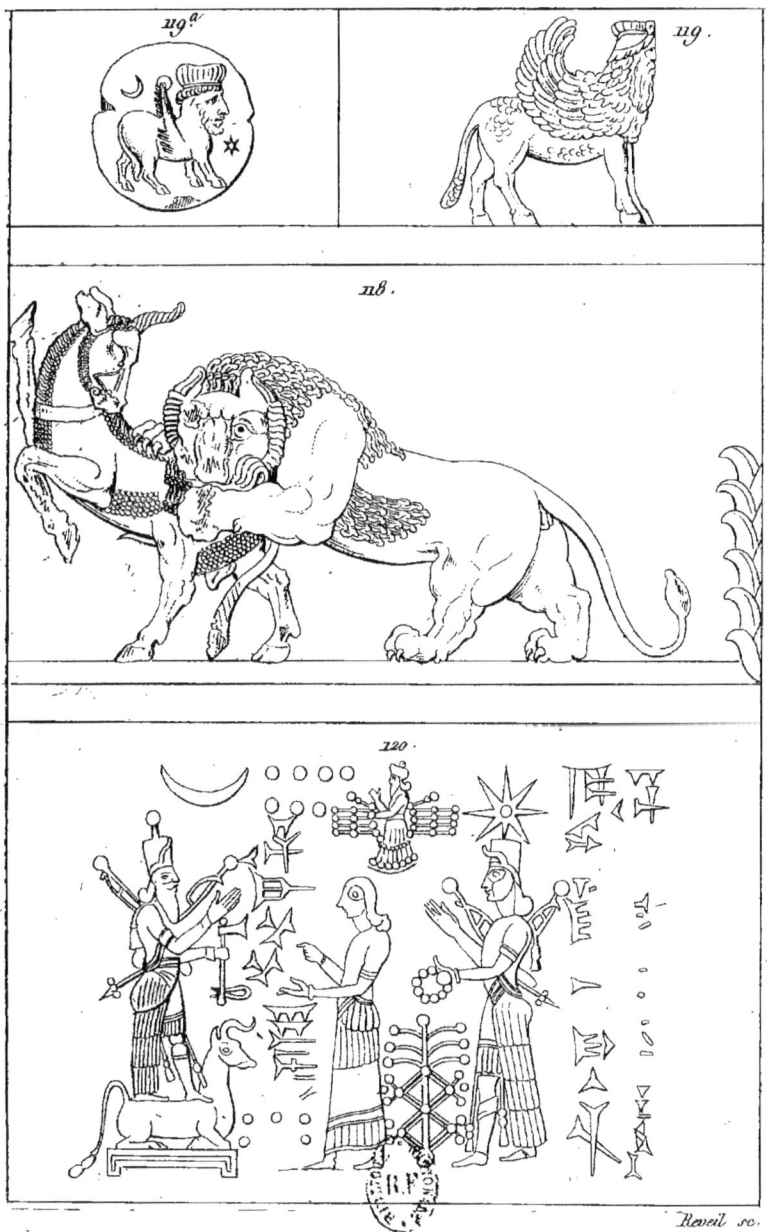

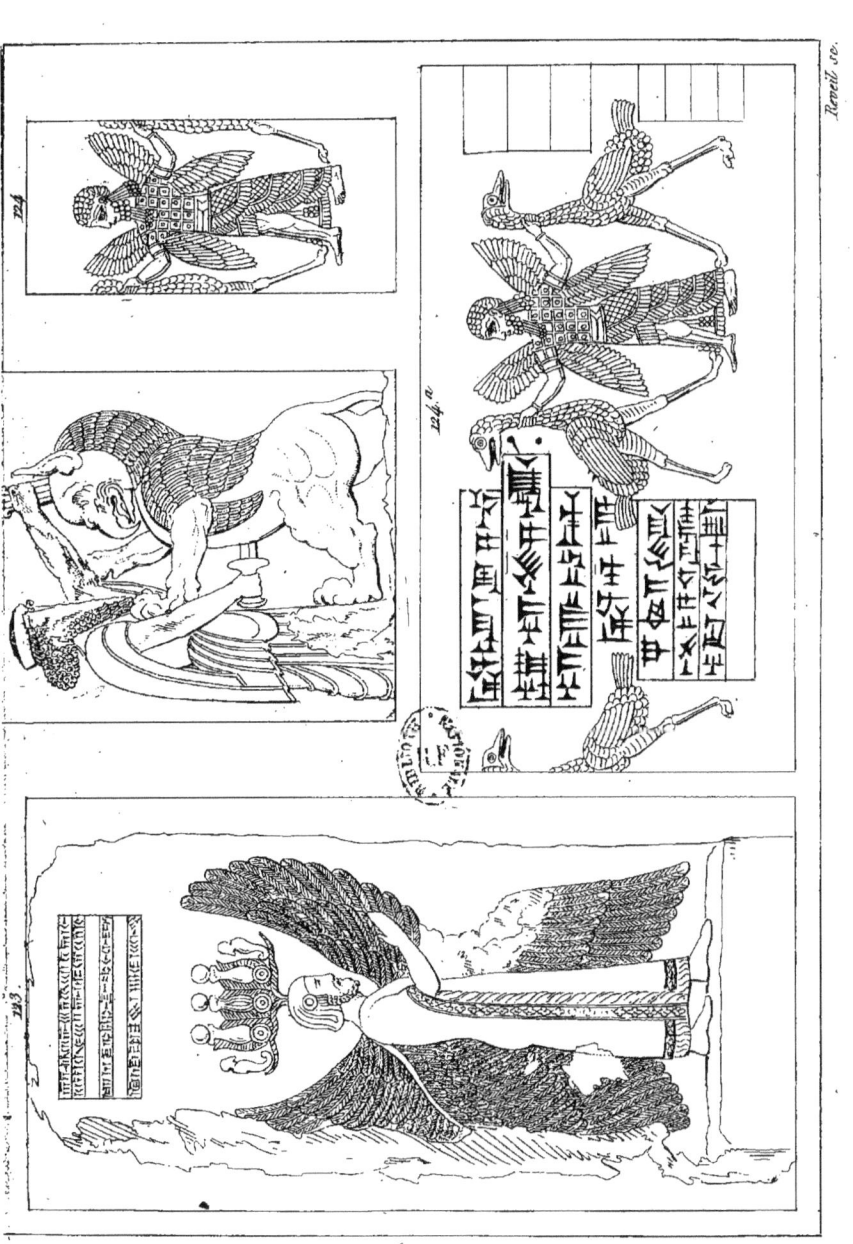

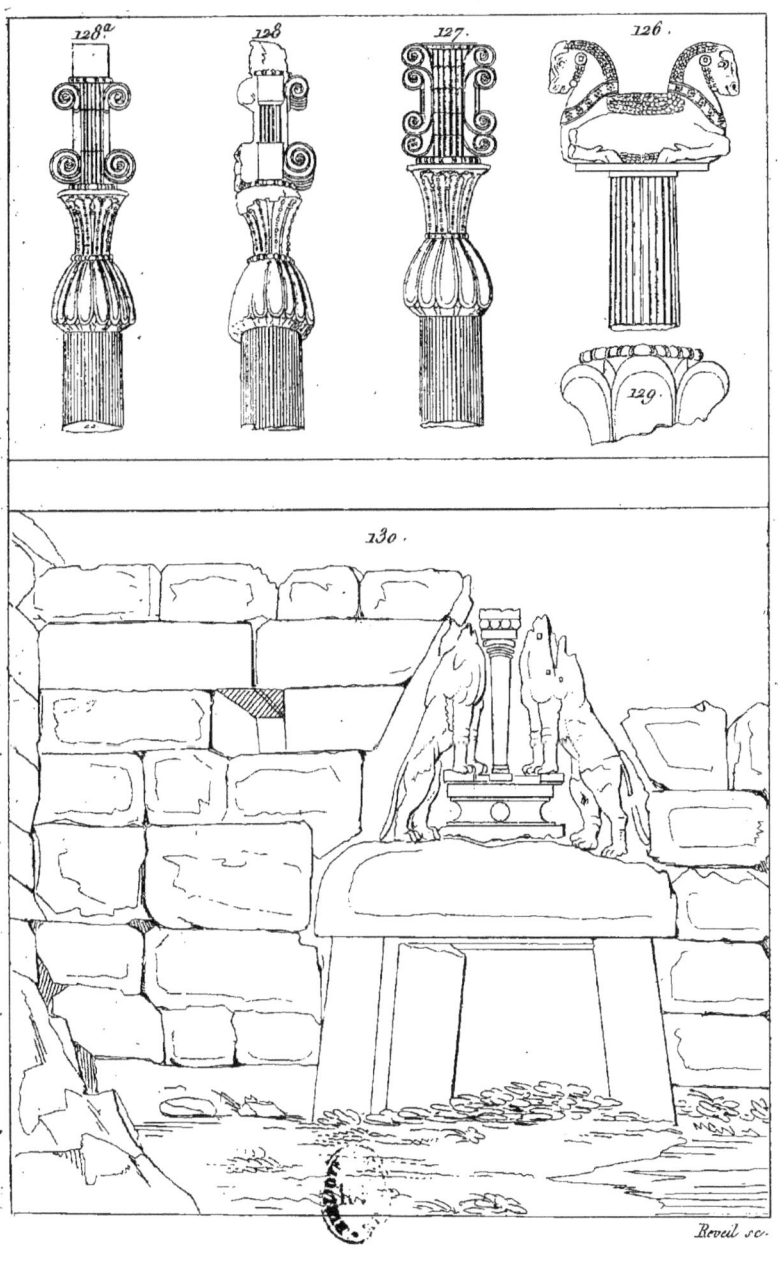

XXVI.

131.

132.

XXVII.

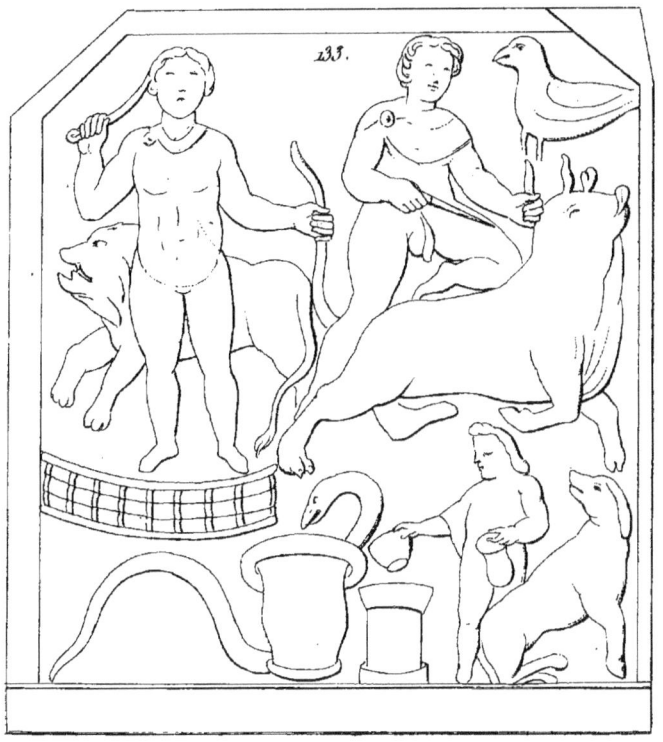

133.

134.

Reveil sc.

XXVIII.

136.

135.

Reveil del. et sc.

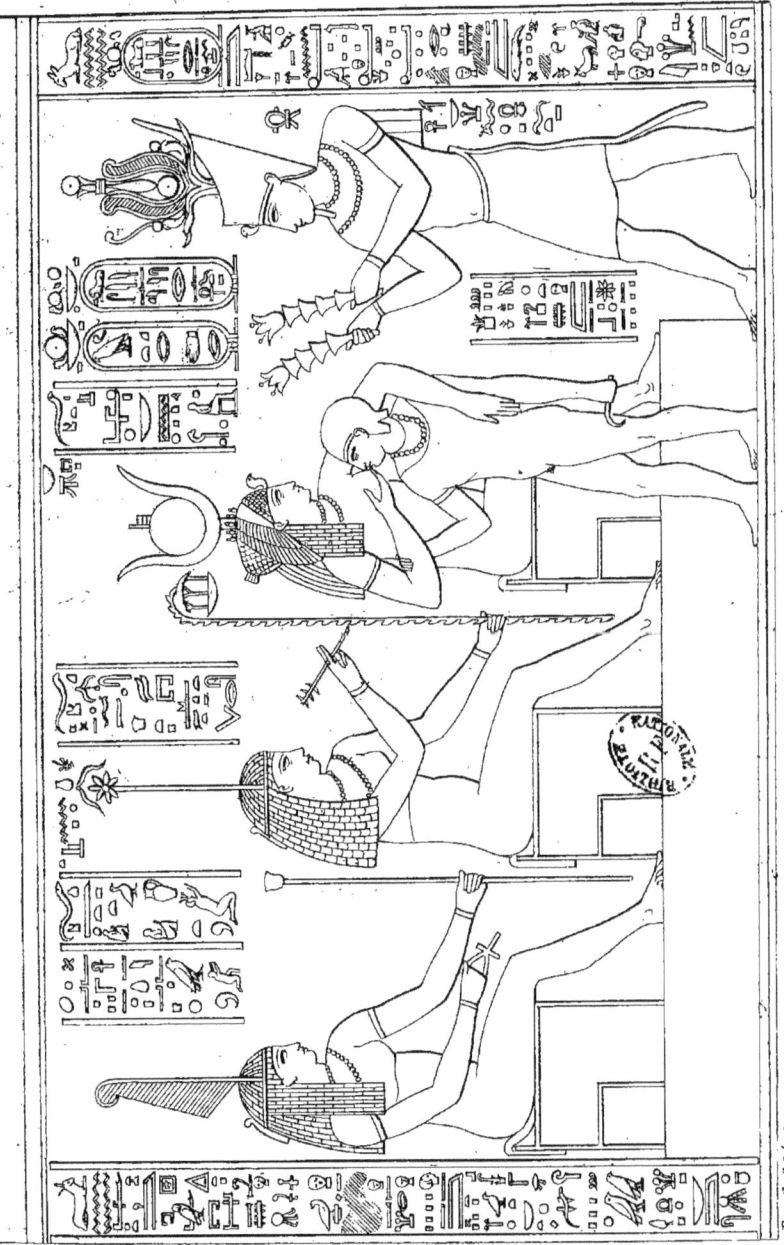

XXIX.

XXXI.

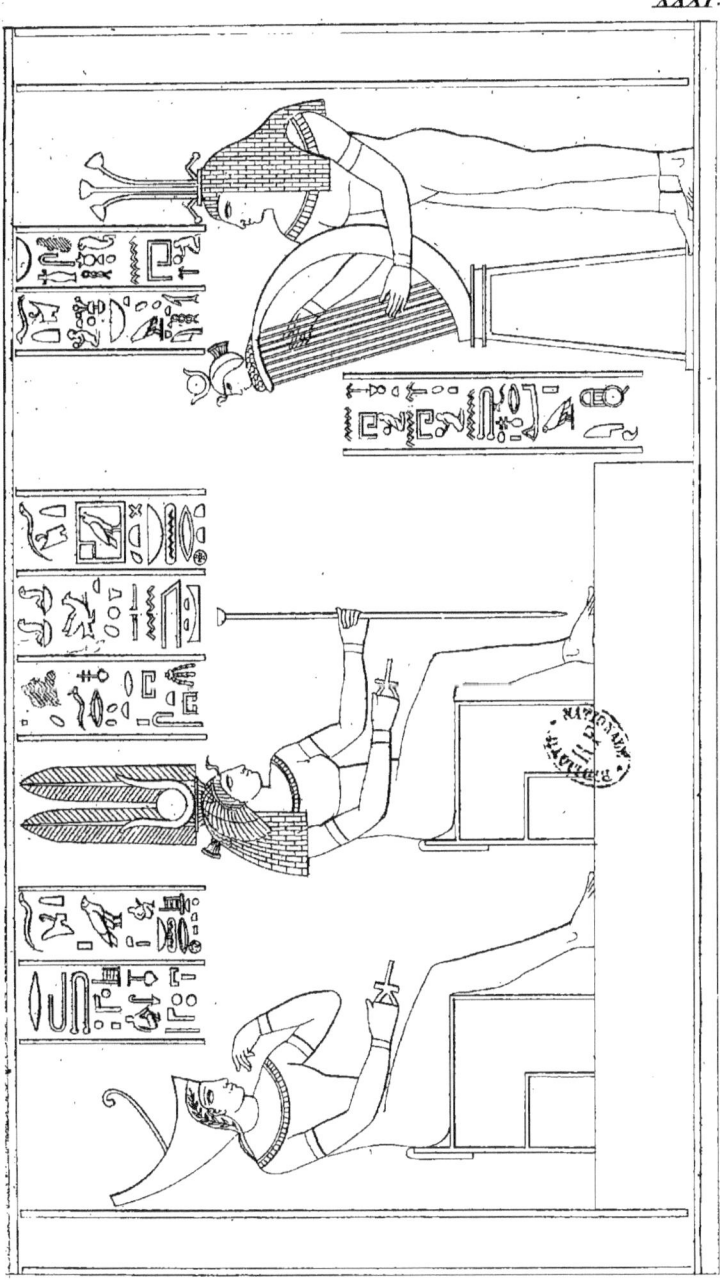

XXXIII.

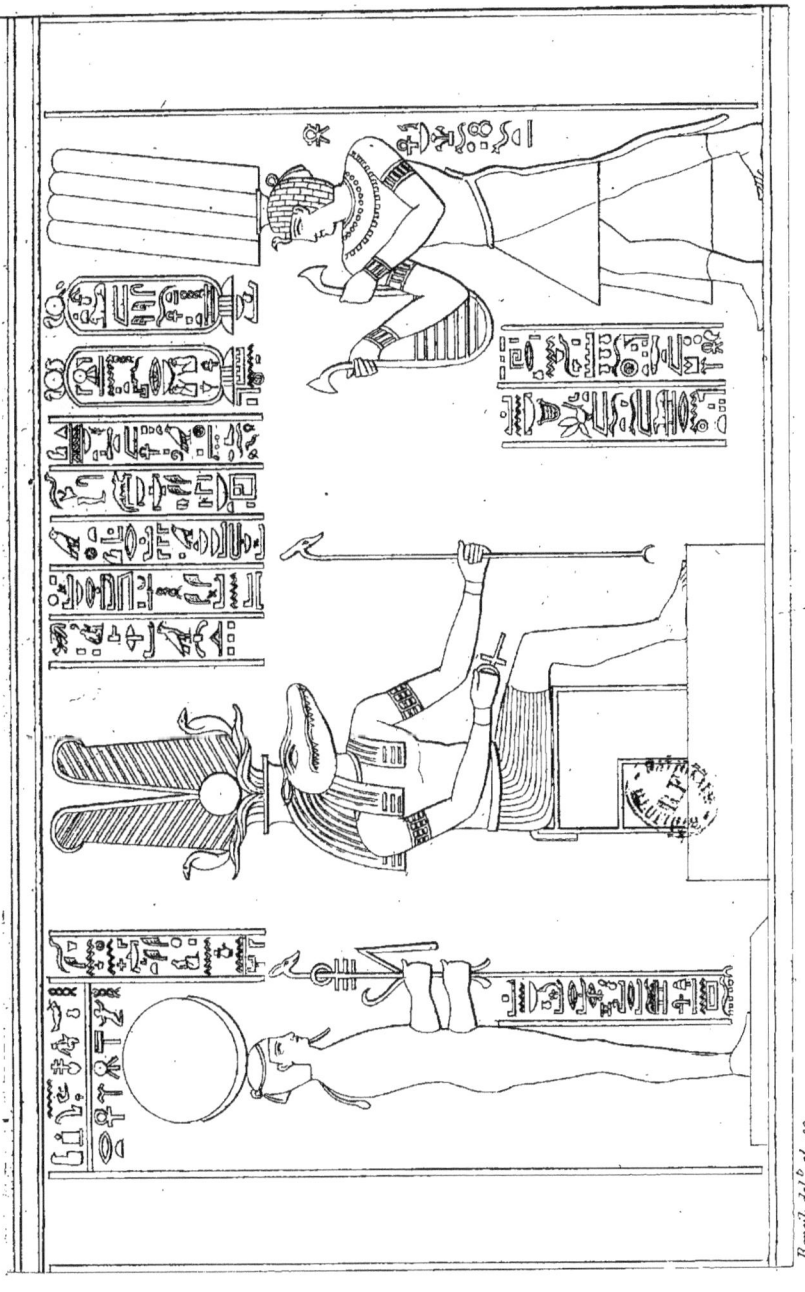

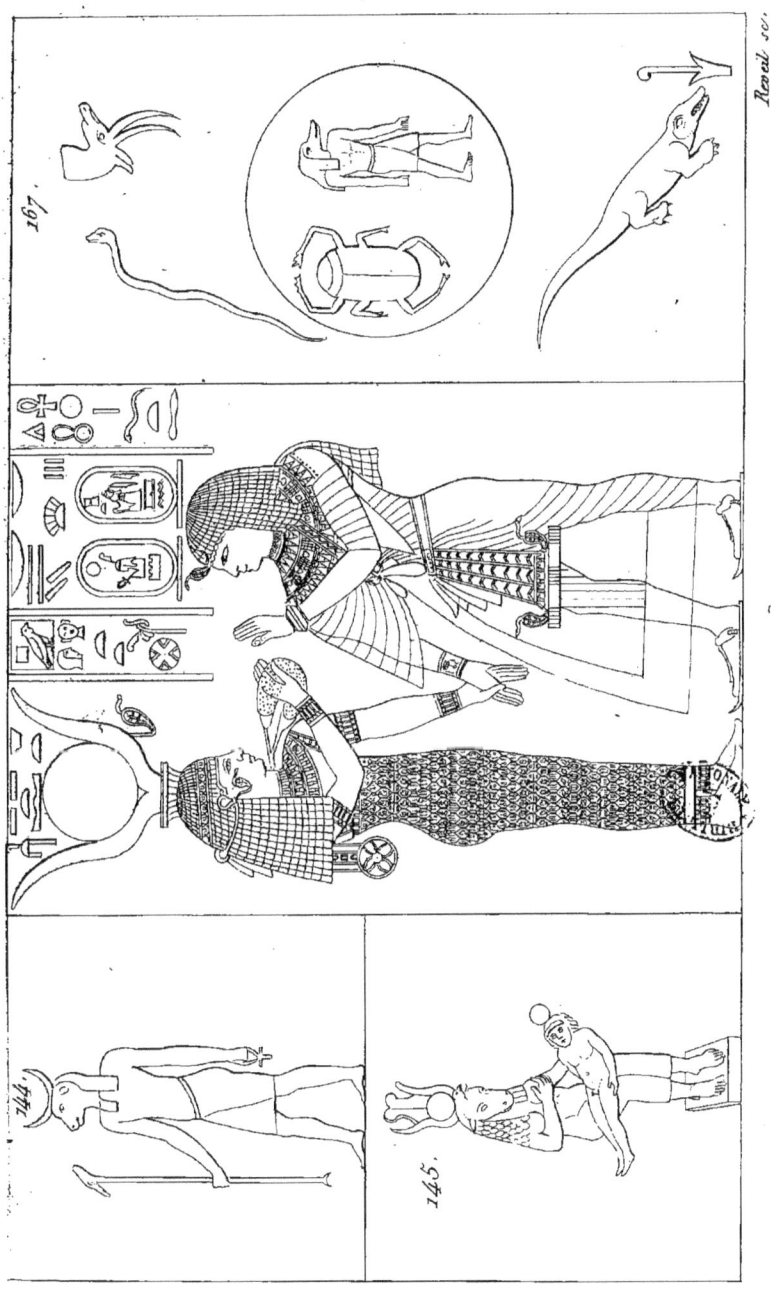

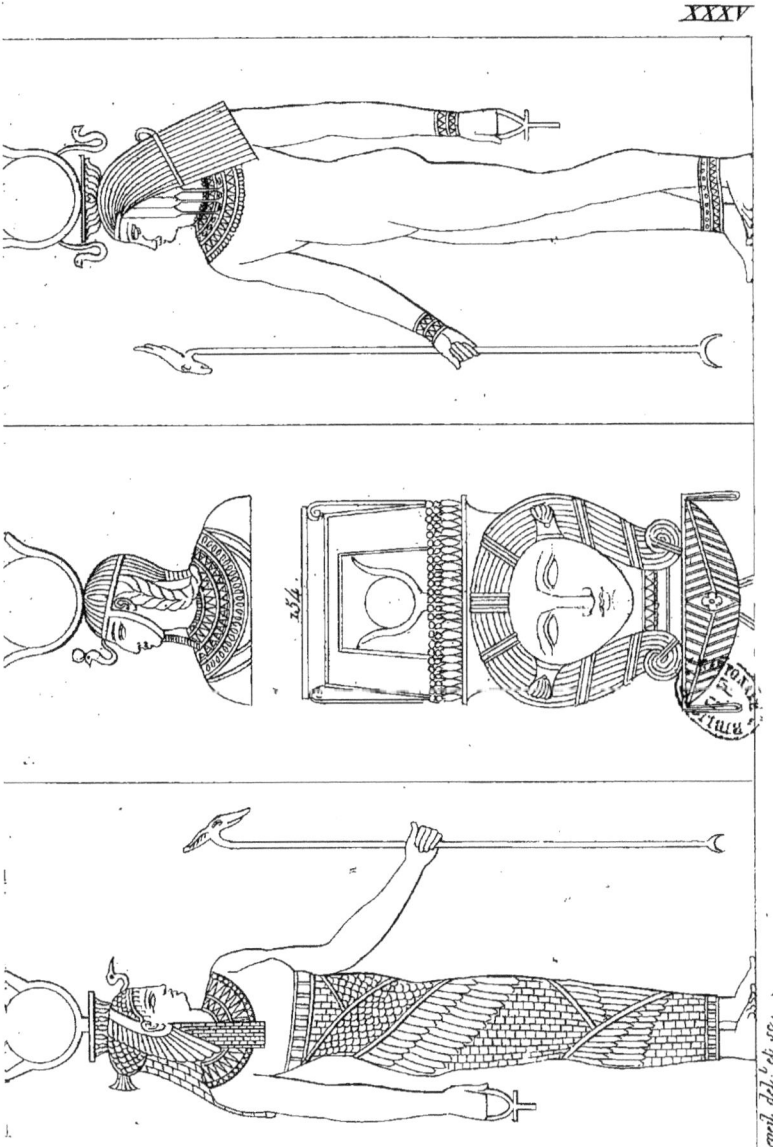

XXXVI.

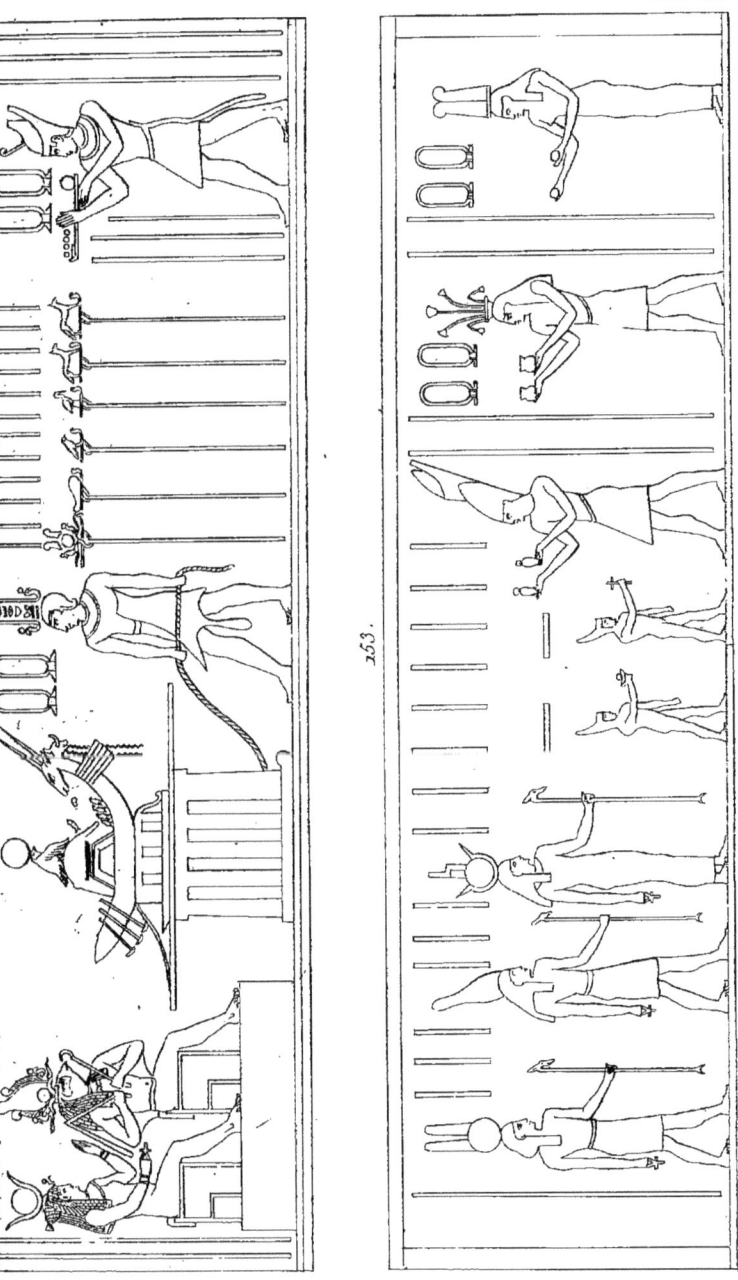

153.

XXXVIII.

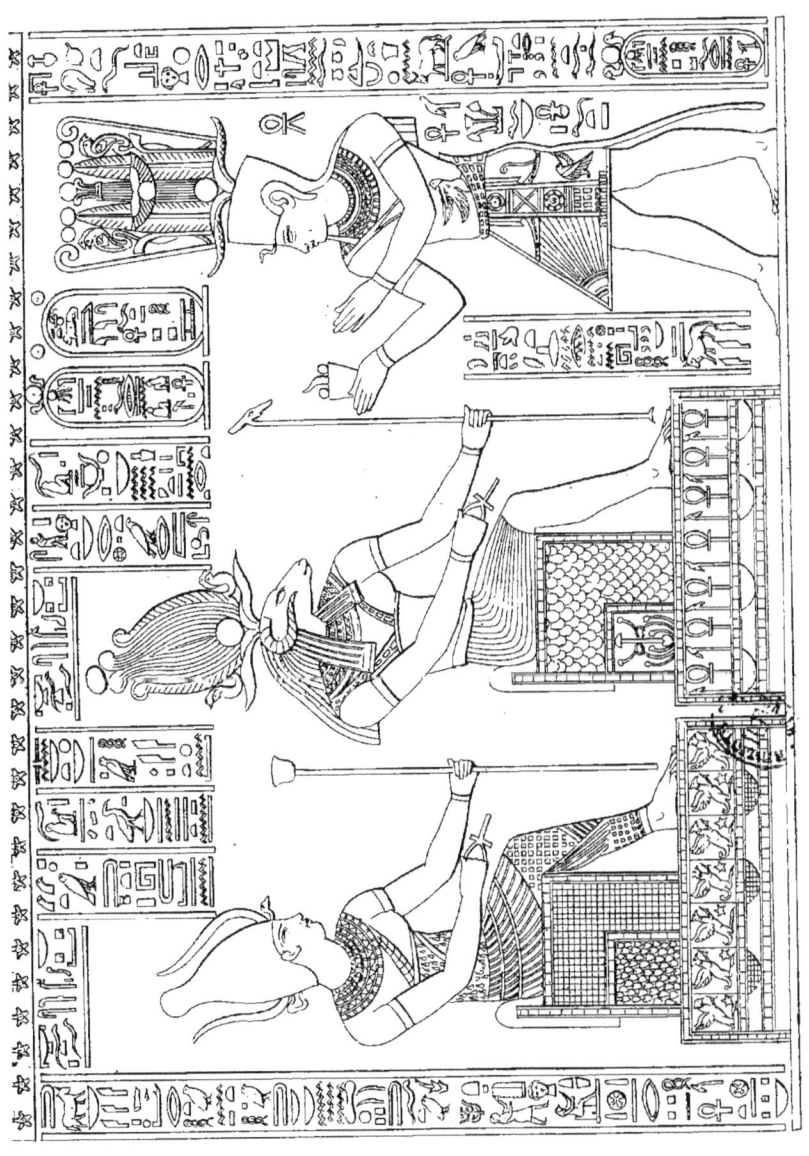

XXXIX.

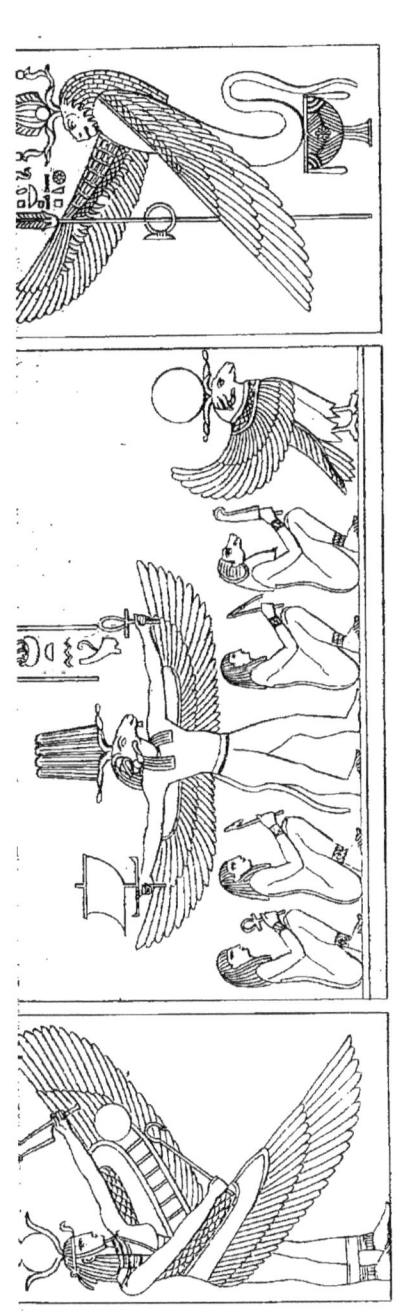

157.

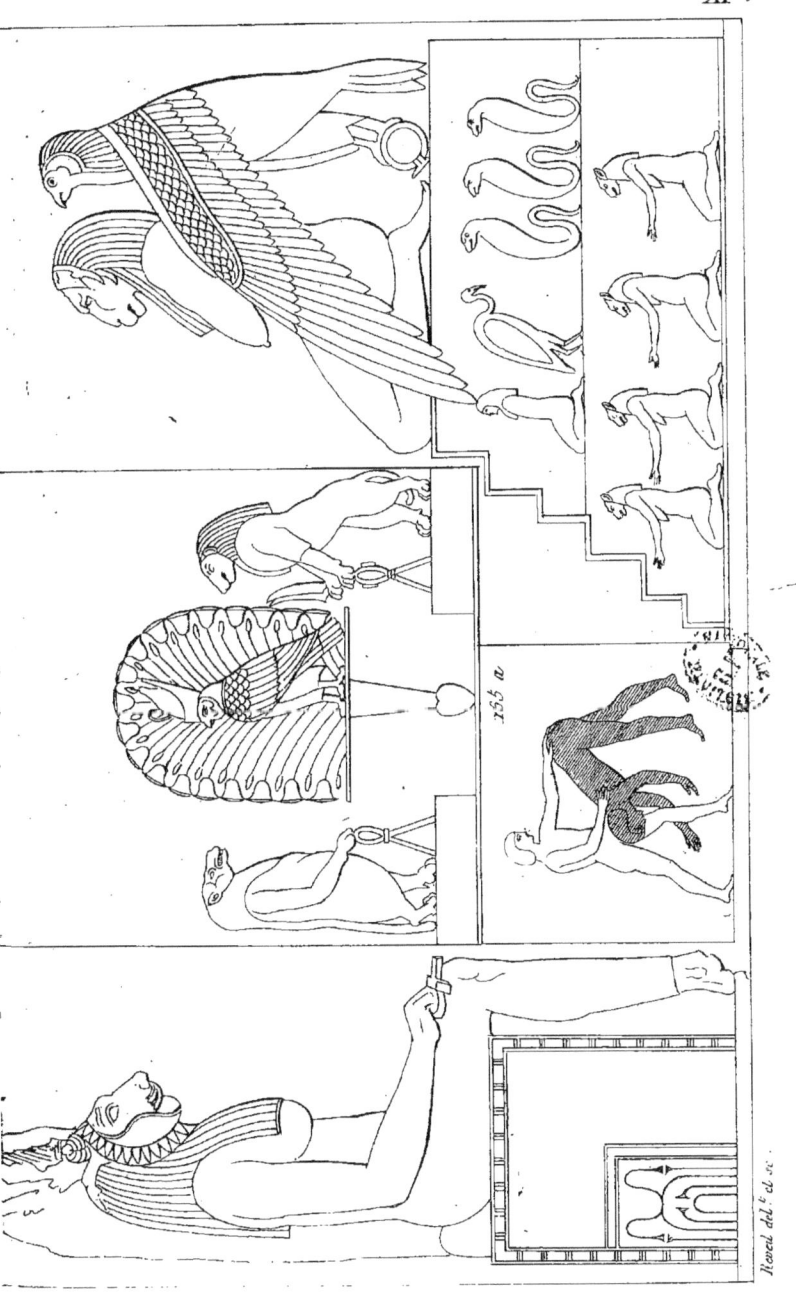

XI.

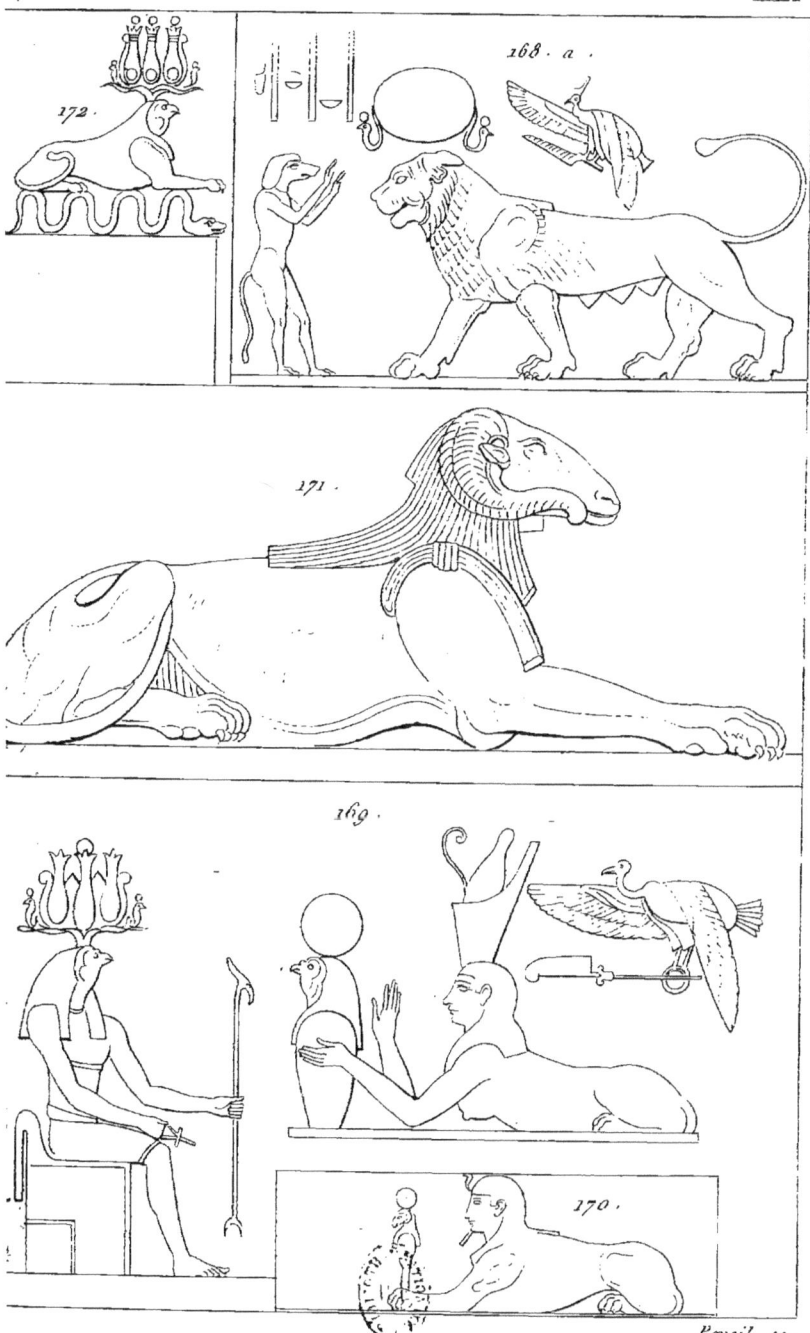

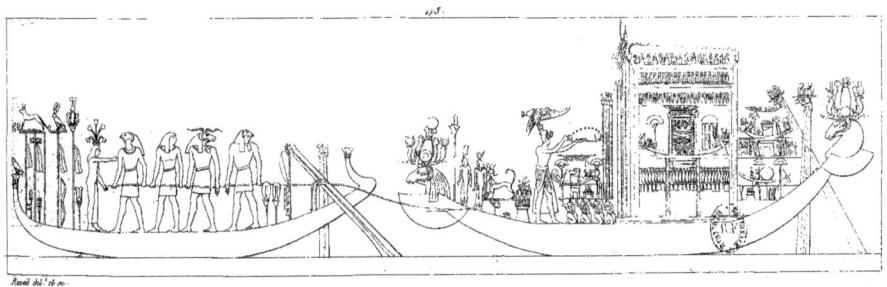

XLIII.

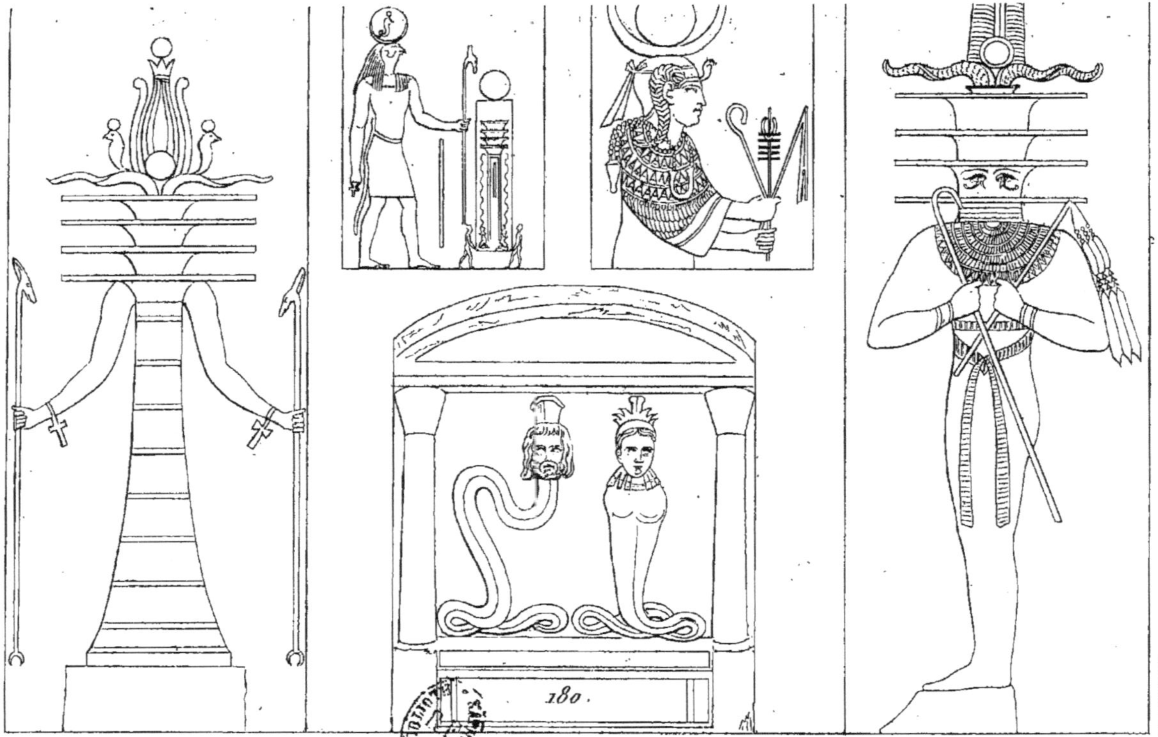

XLIV.

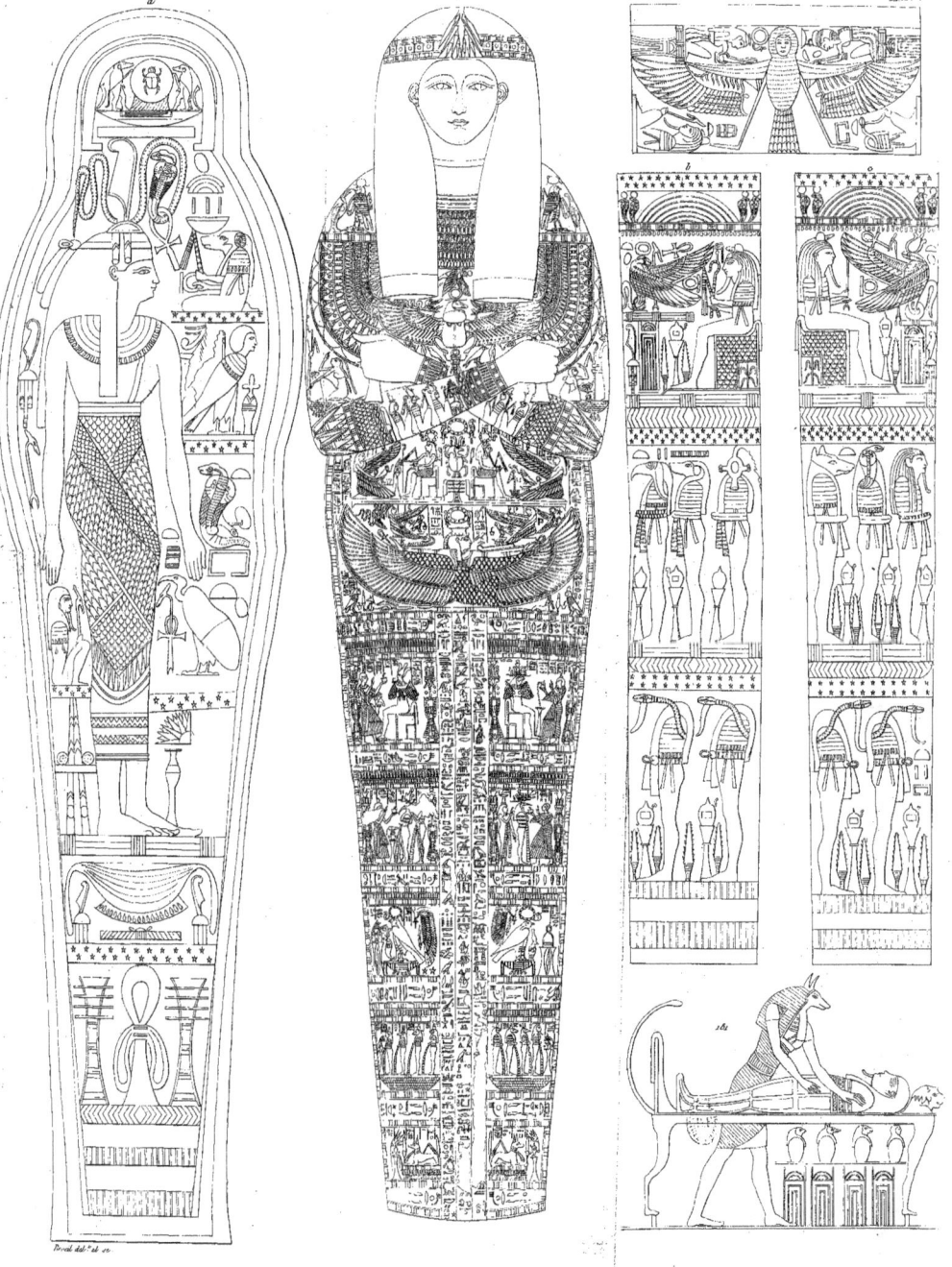

XLVI.

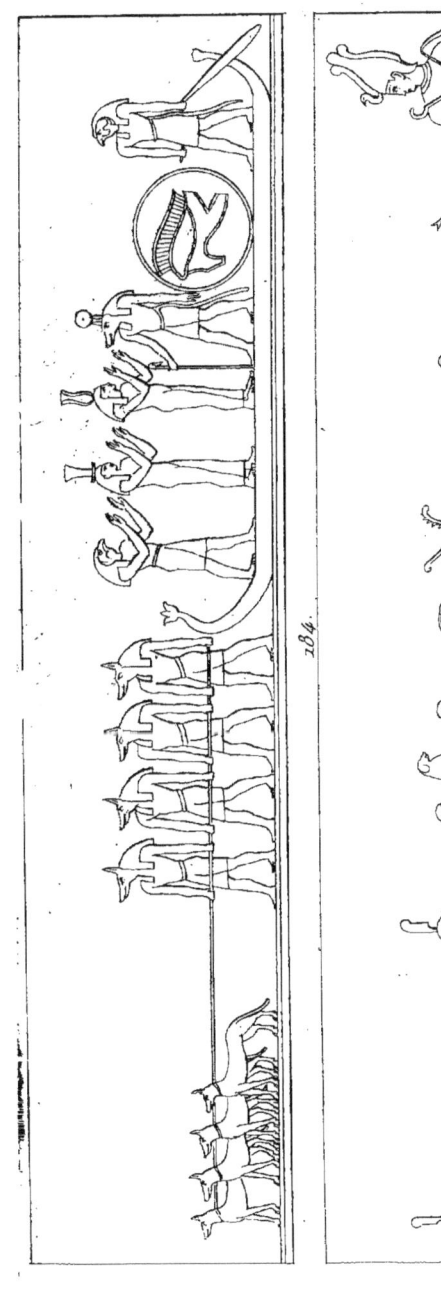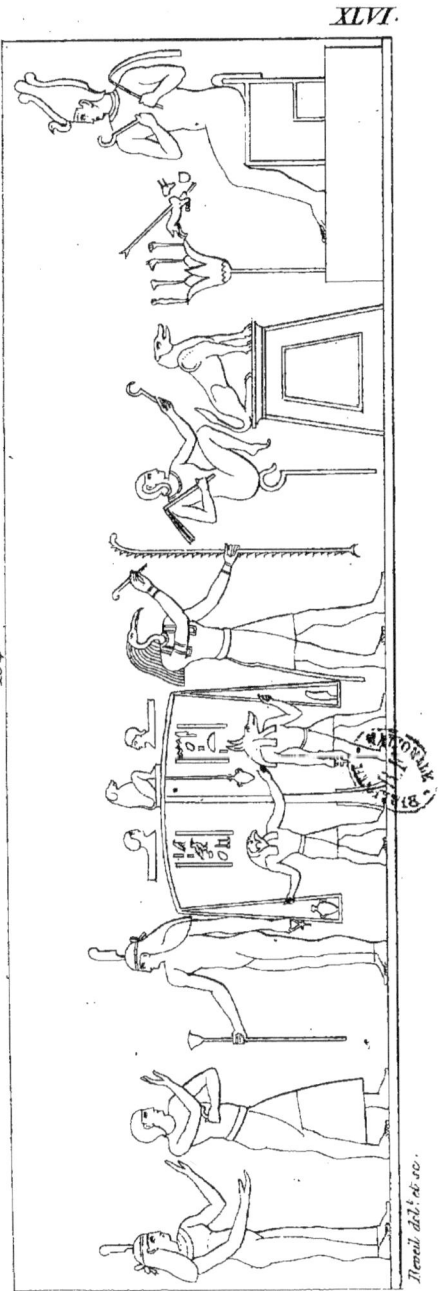

XLVII

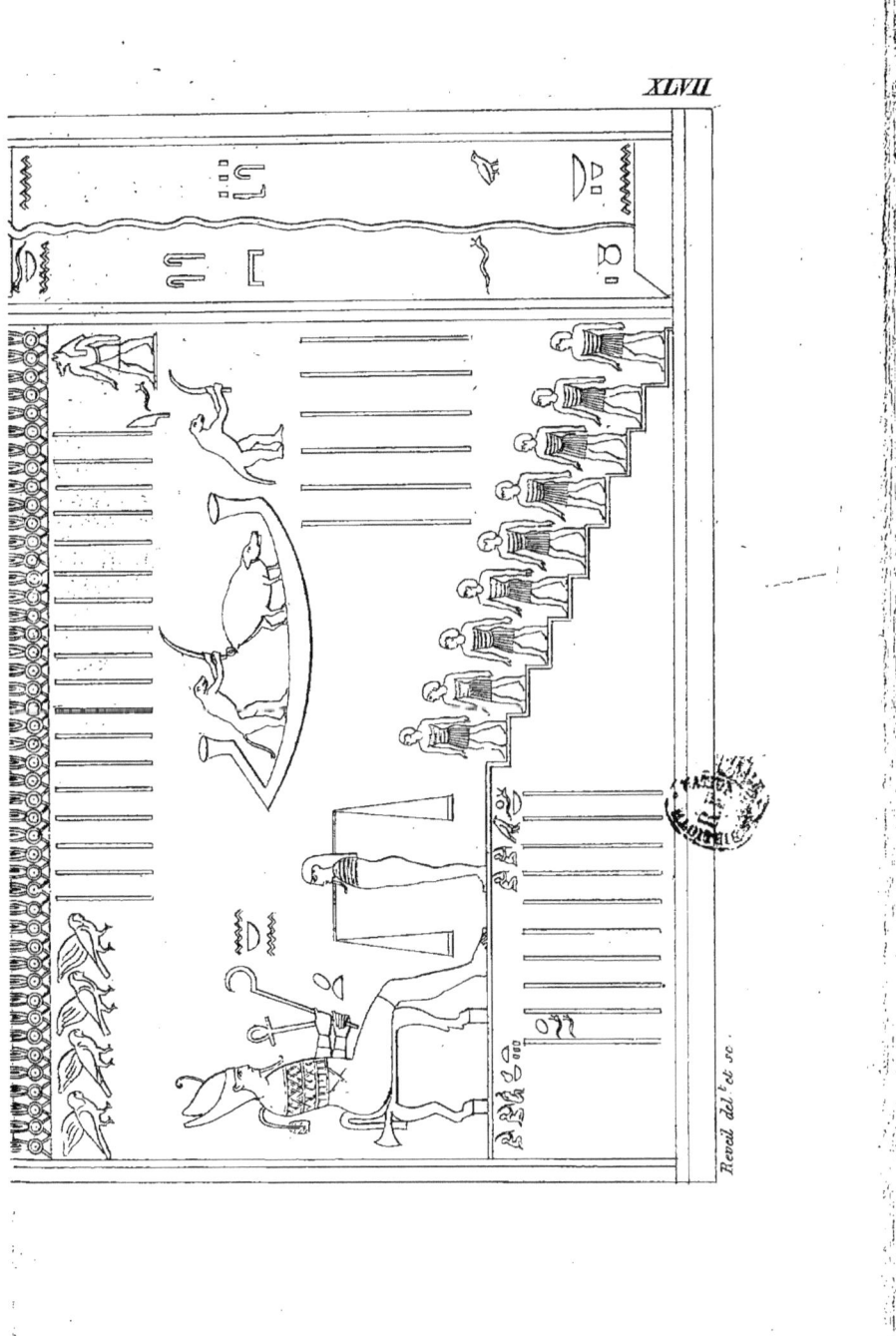

Revoil del.t et sc.

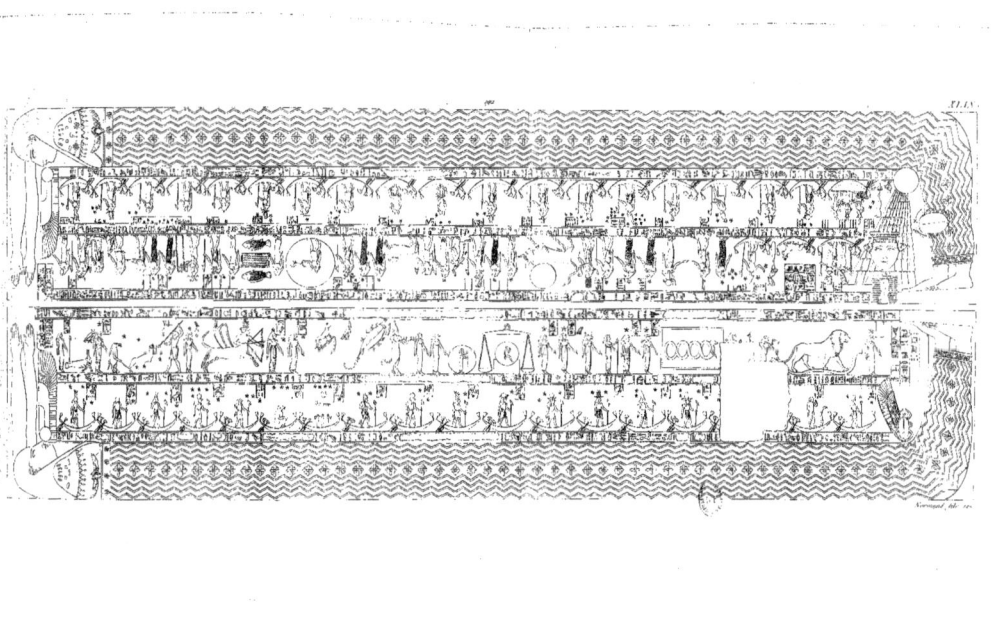

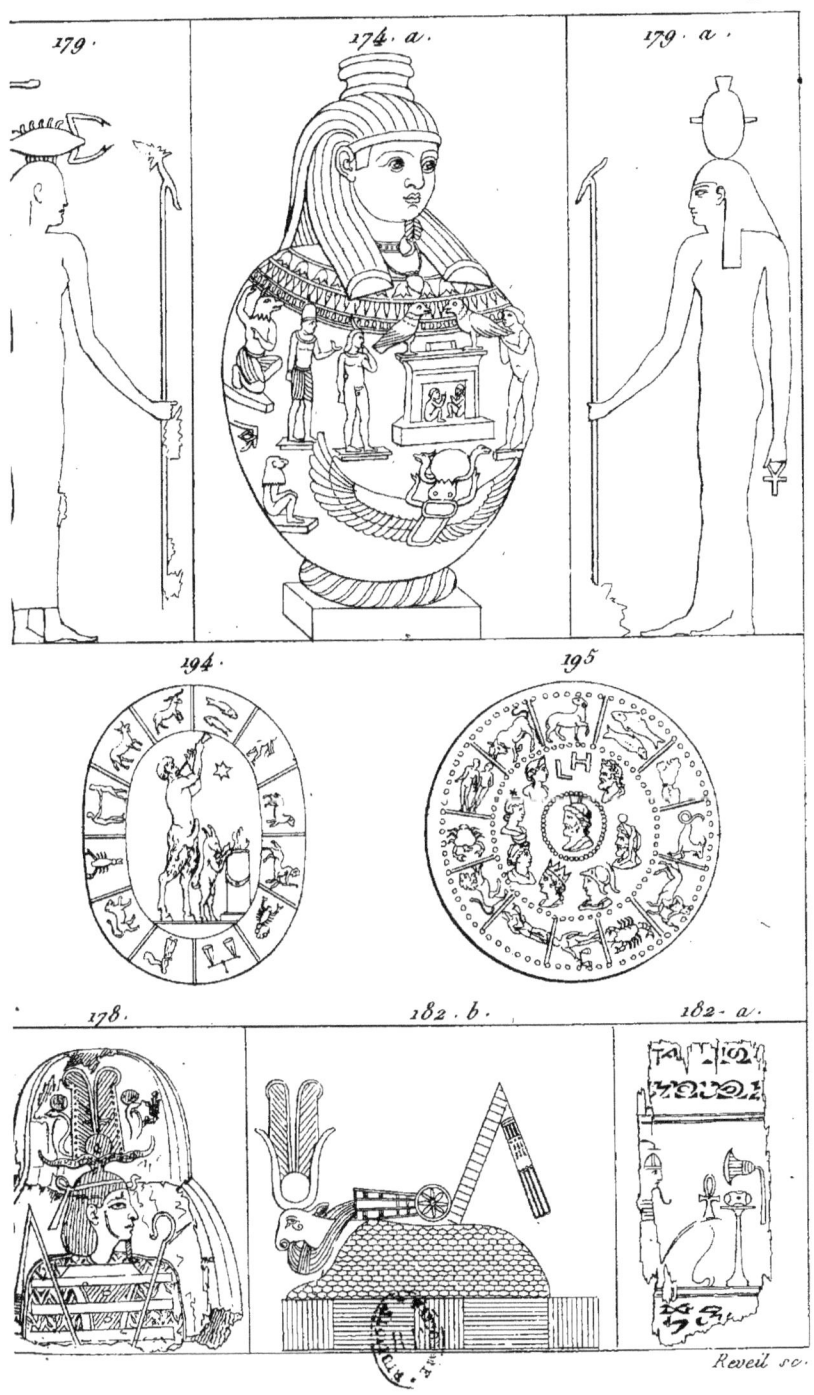

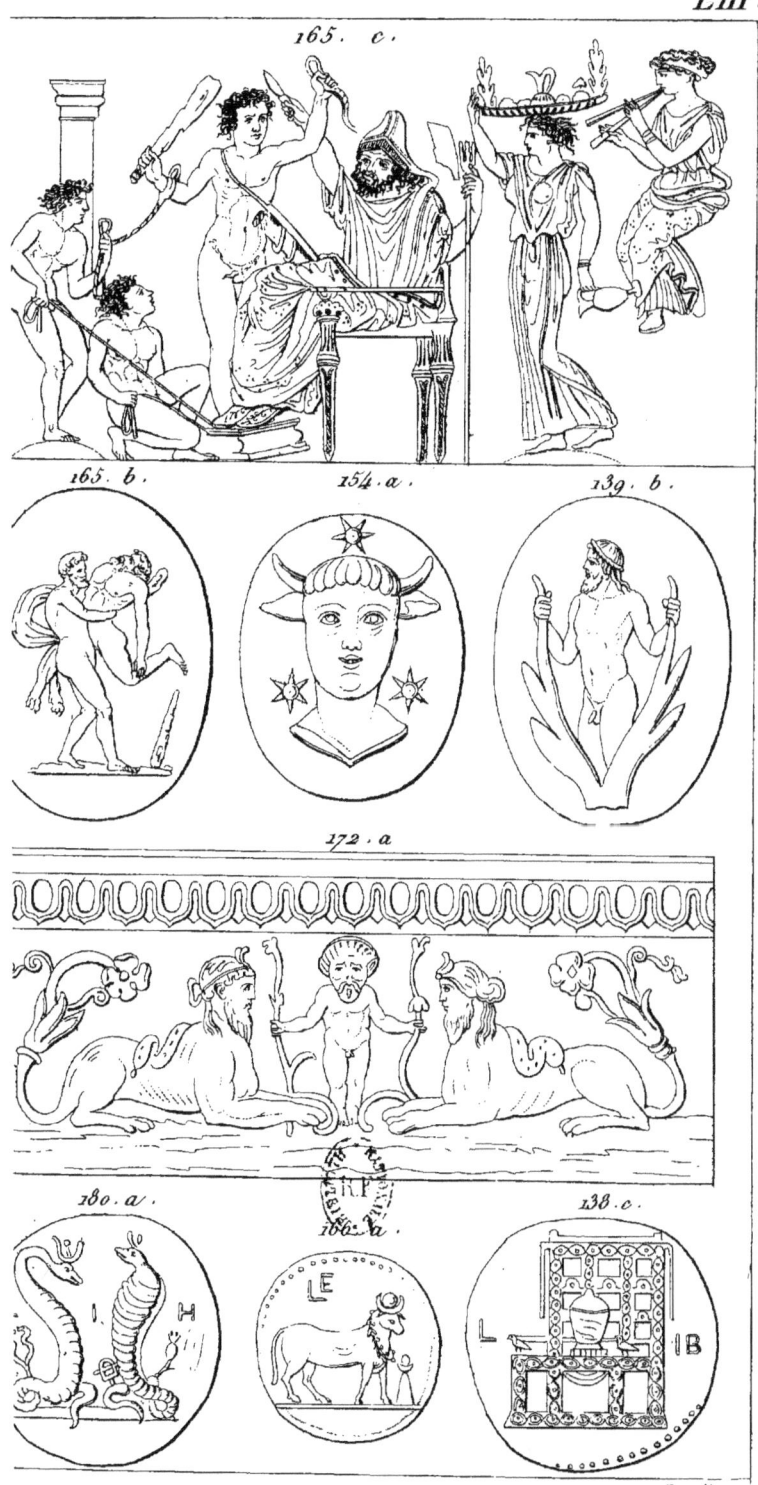

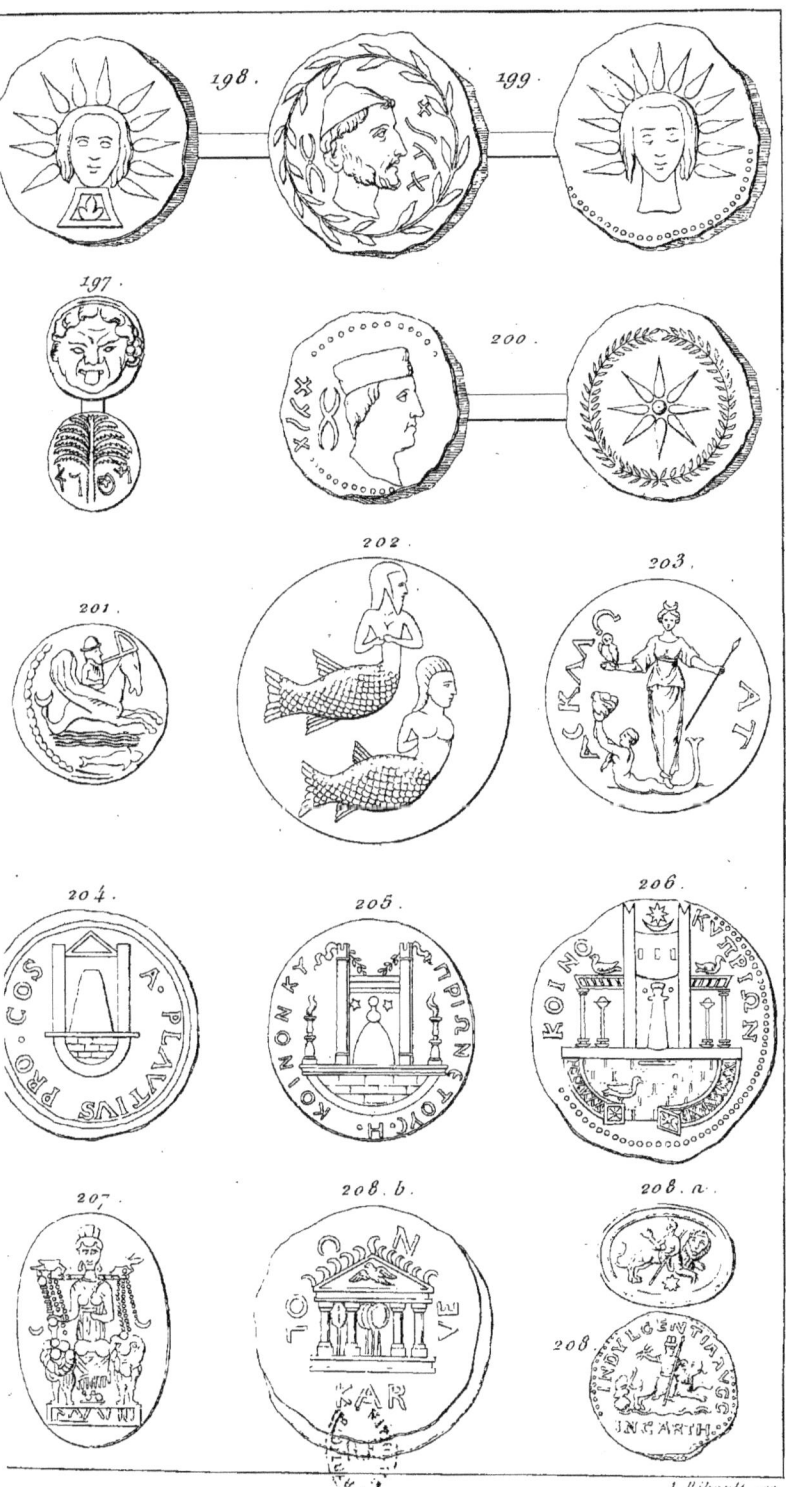

LIV.

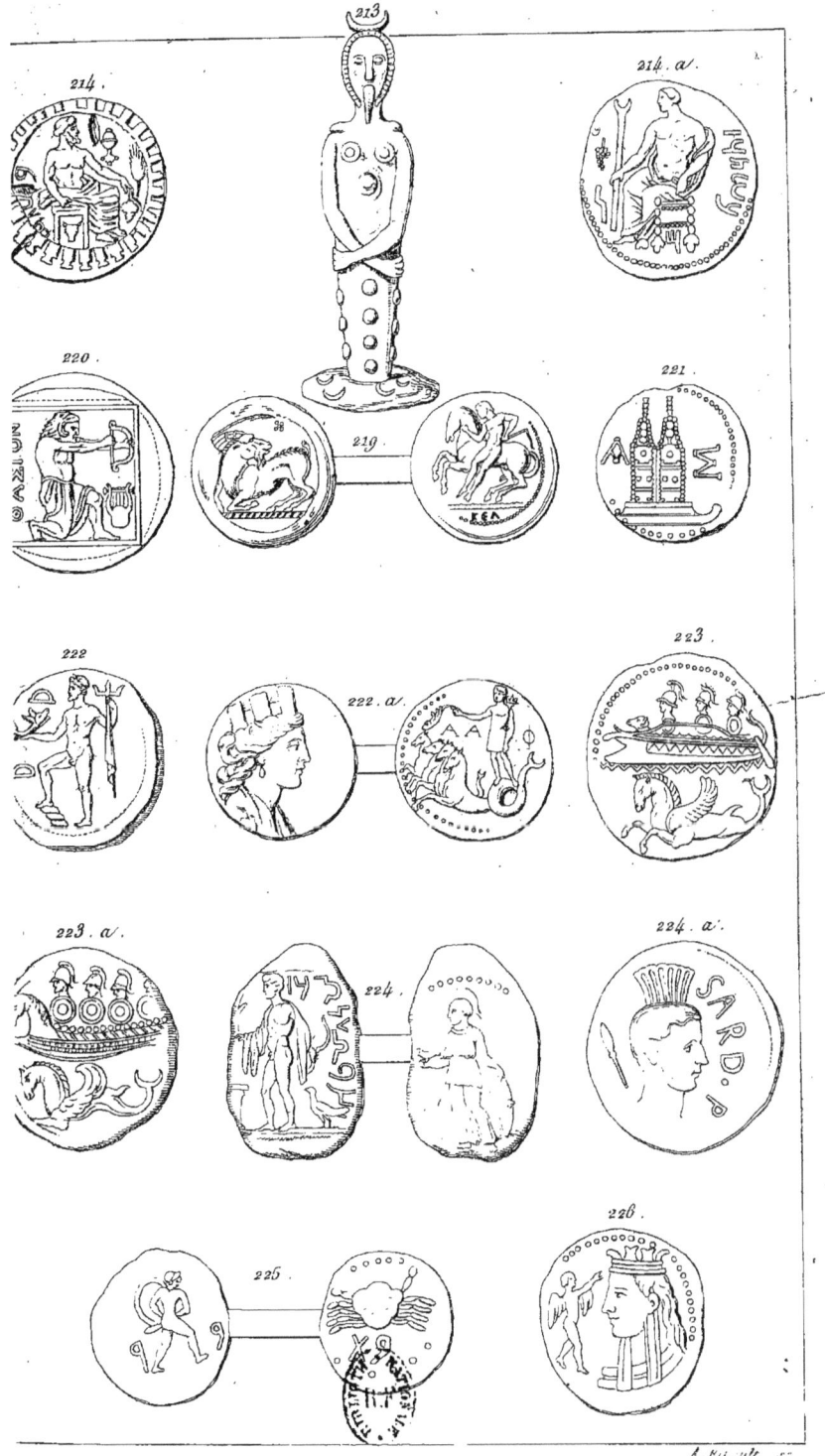

LVI.

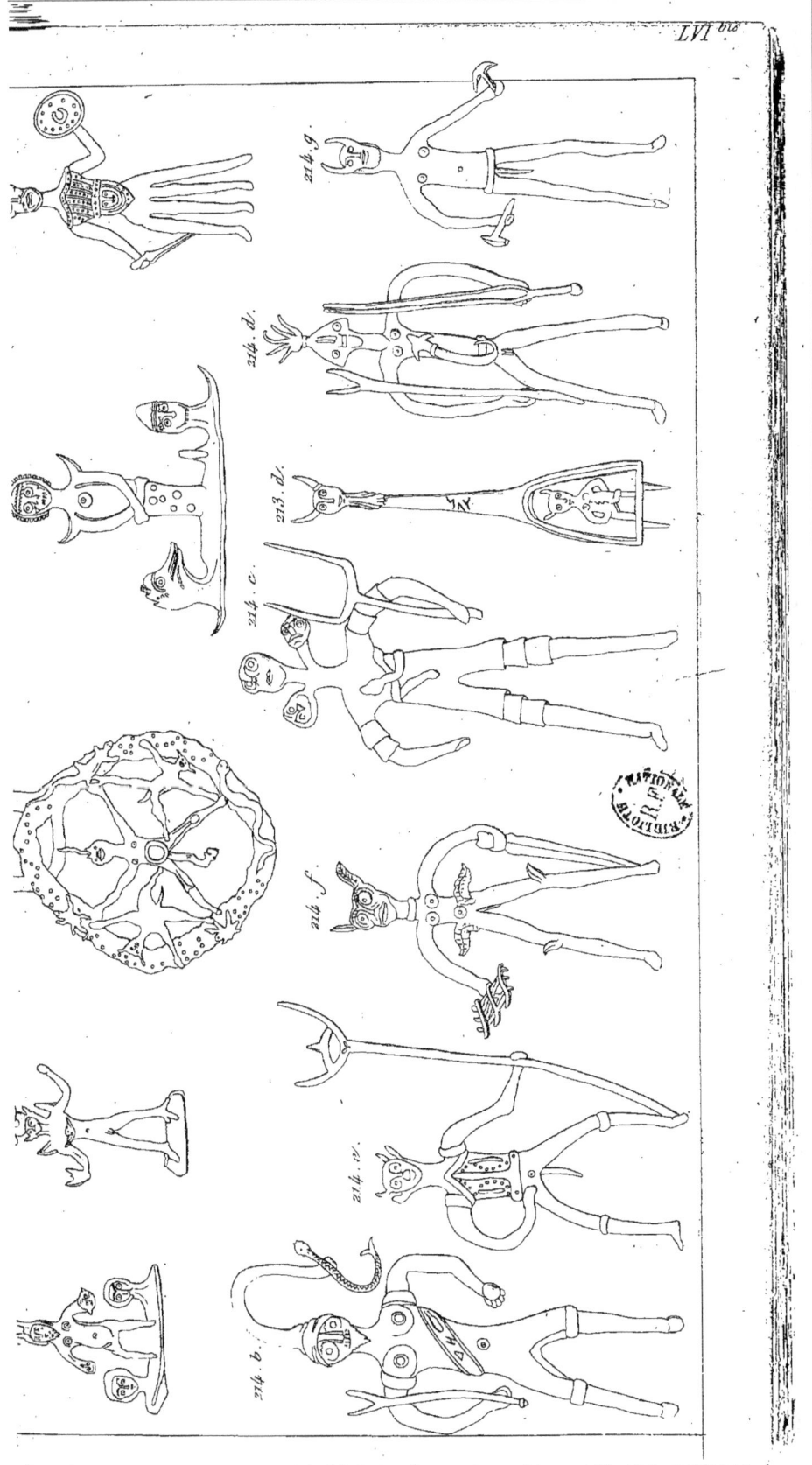

LVII.

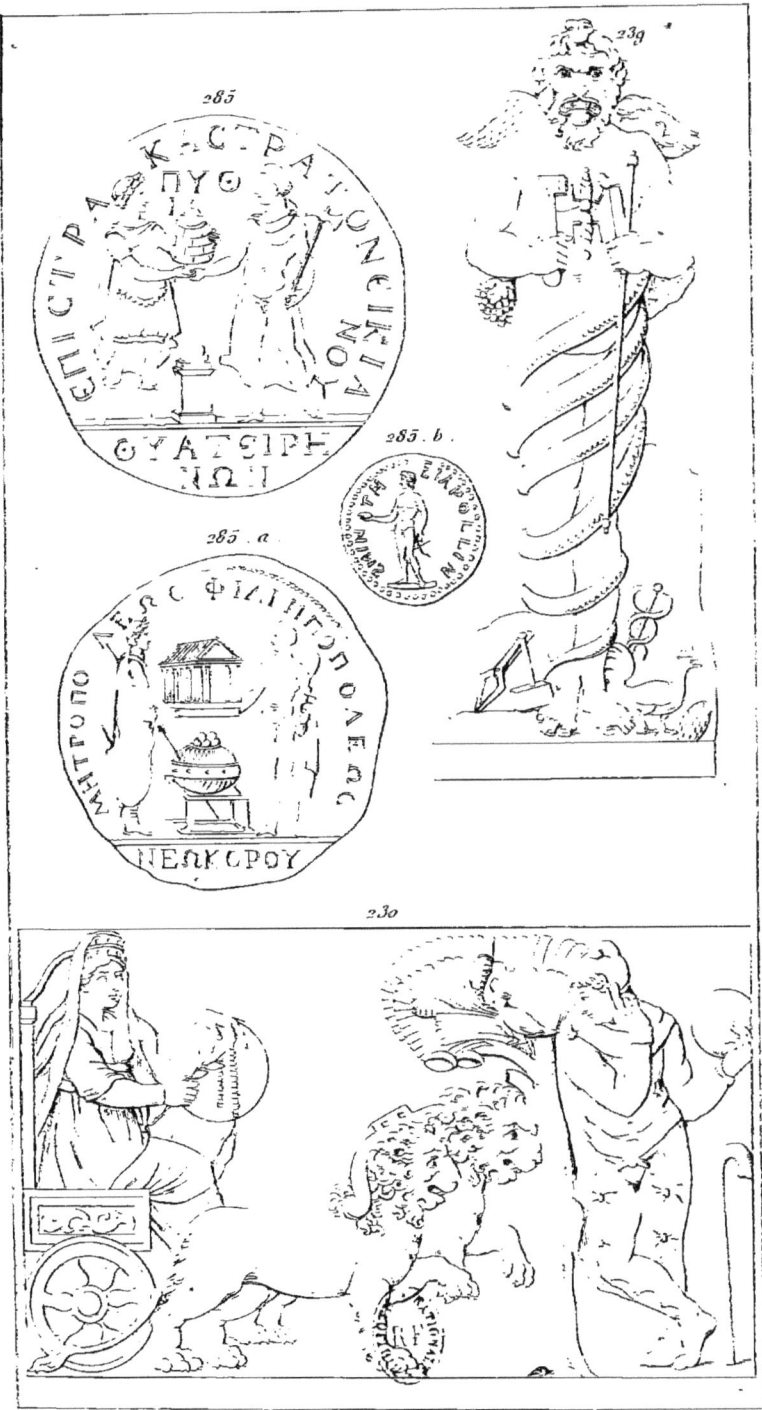

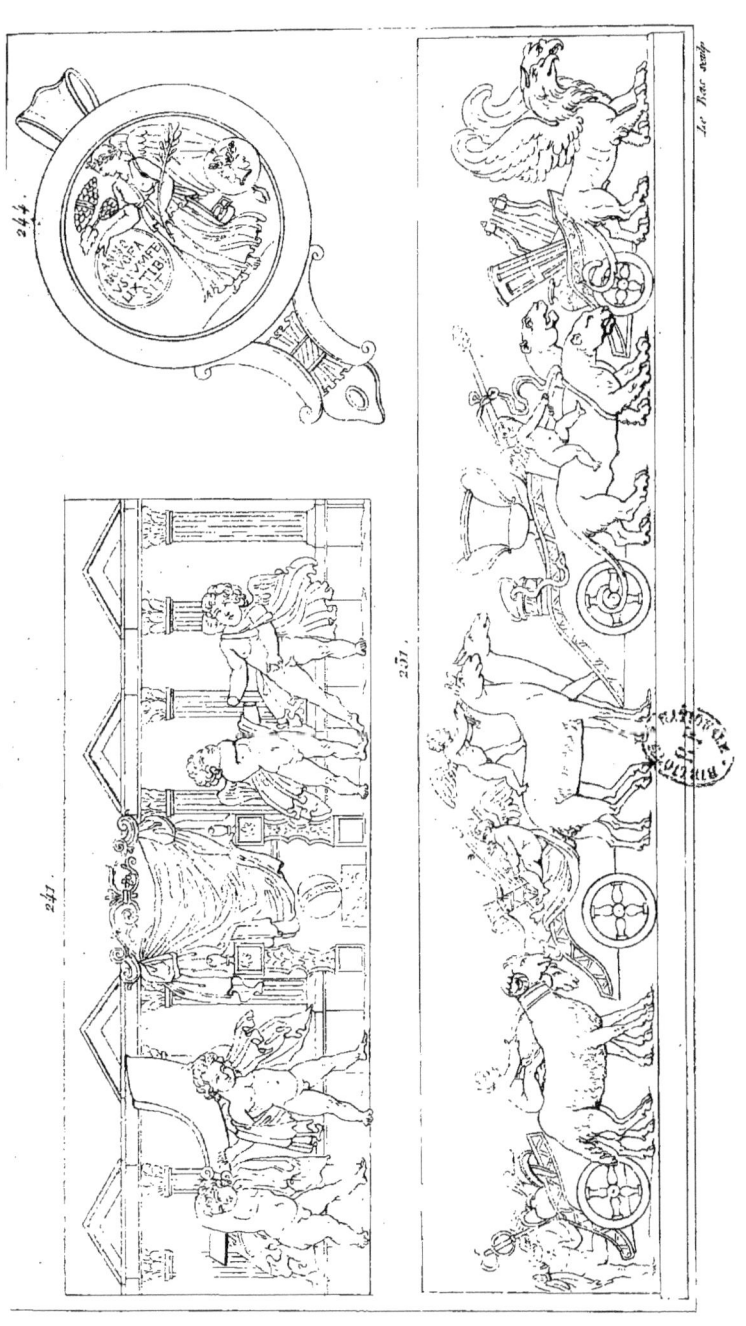

LXII.

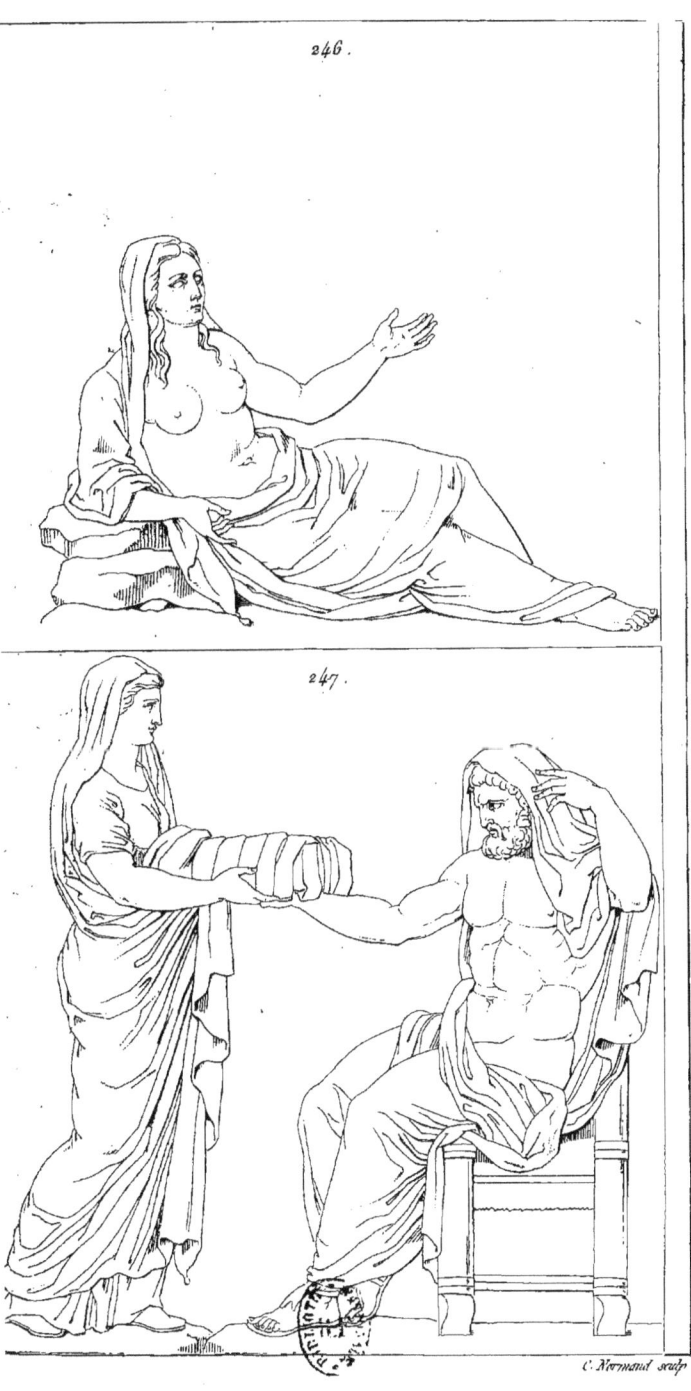

246.

247.

C. Normand sculp.

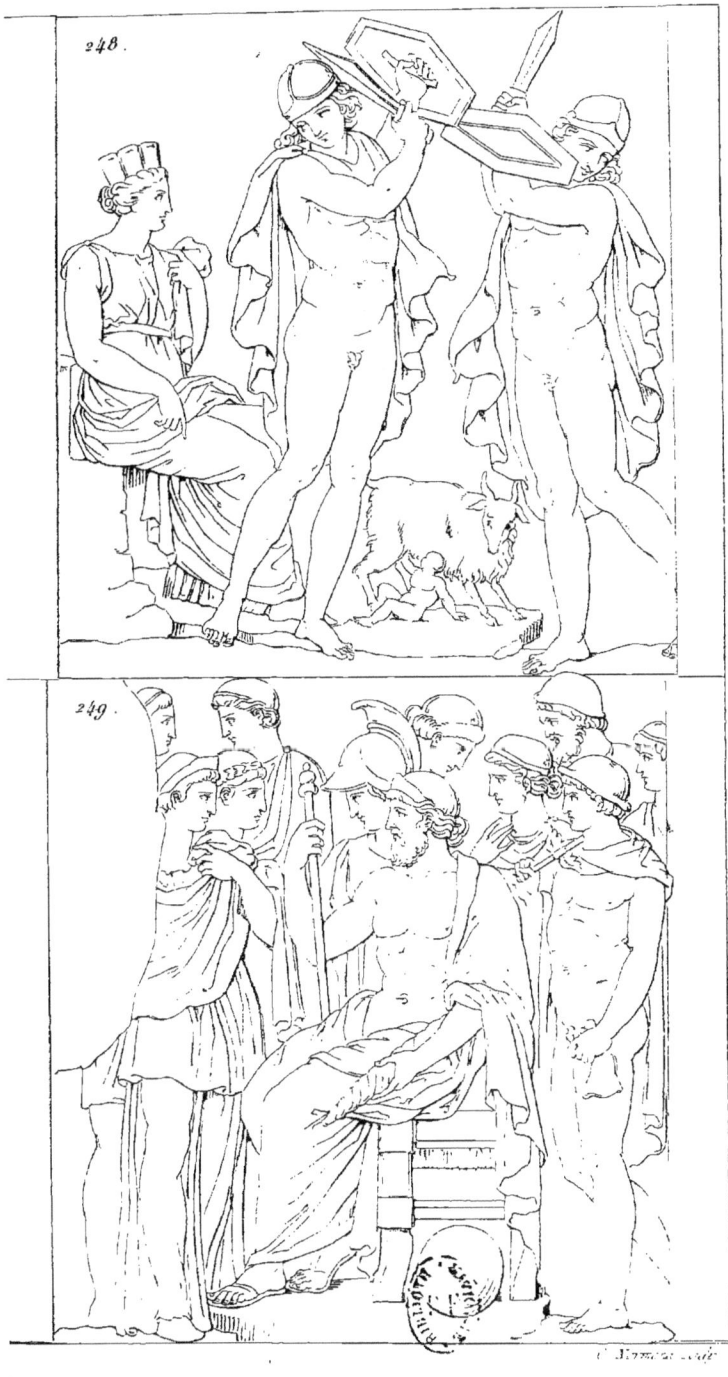

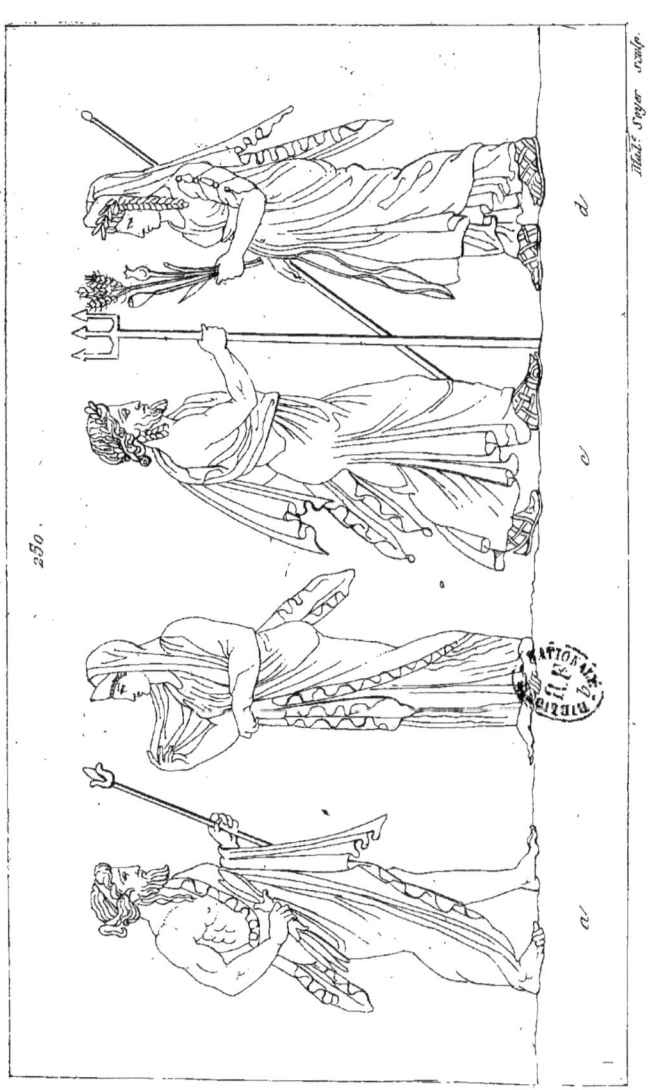

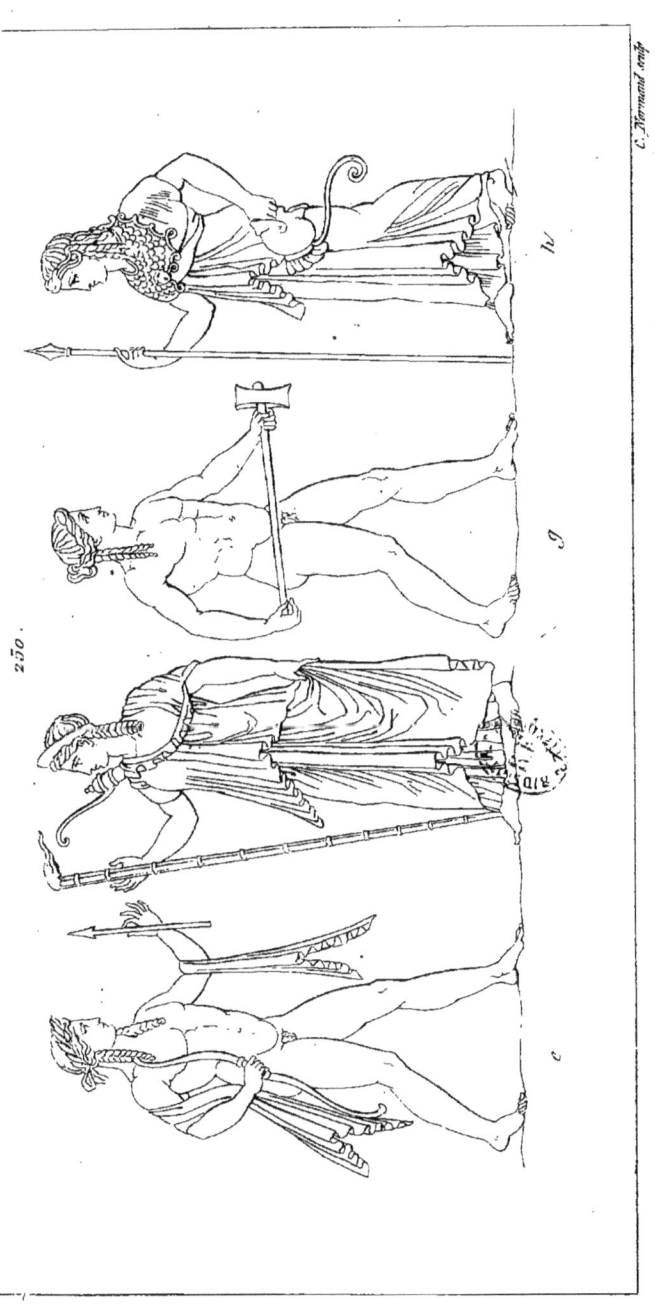

LXVI^{ter}

250. o.

250. q.

Ribault, sc.

LXVII.

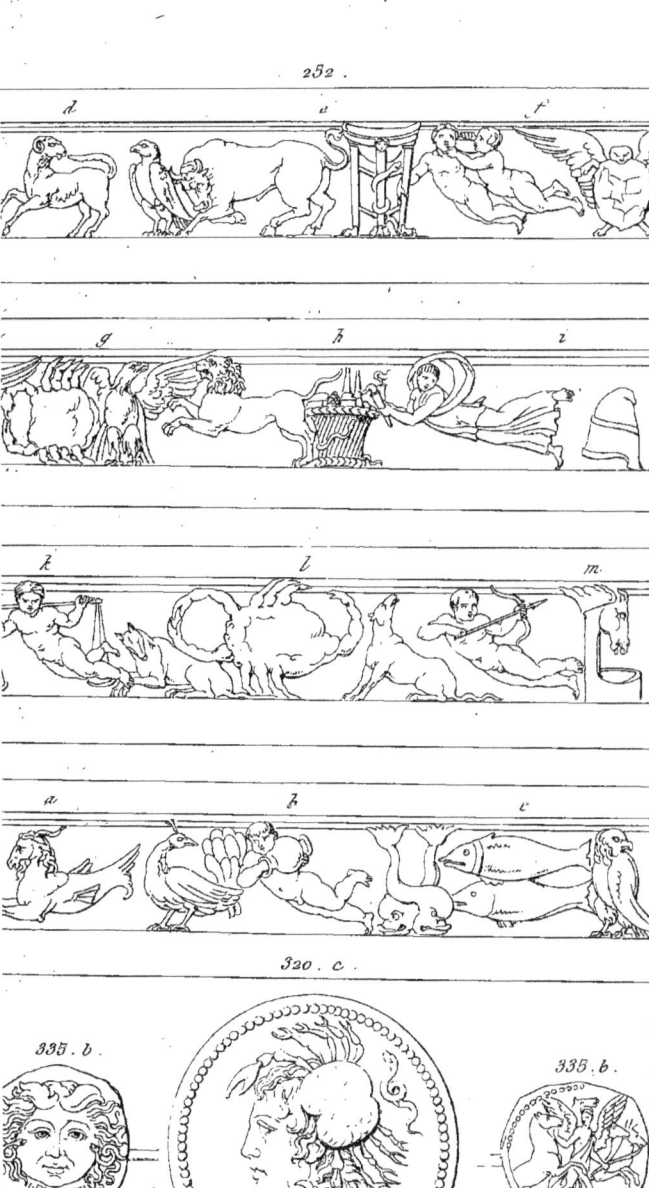

LXXII.

LXXIII.

LXXV.

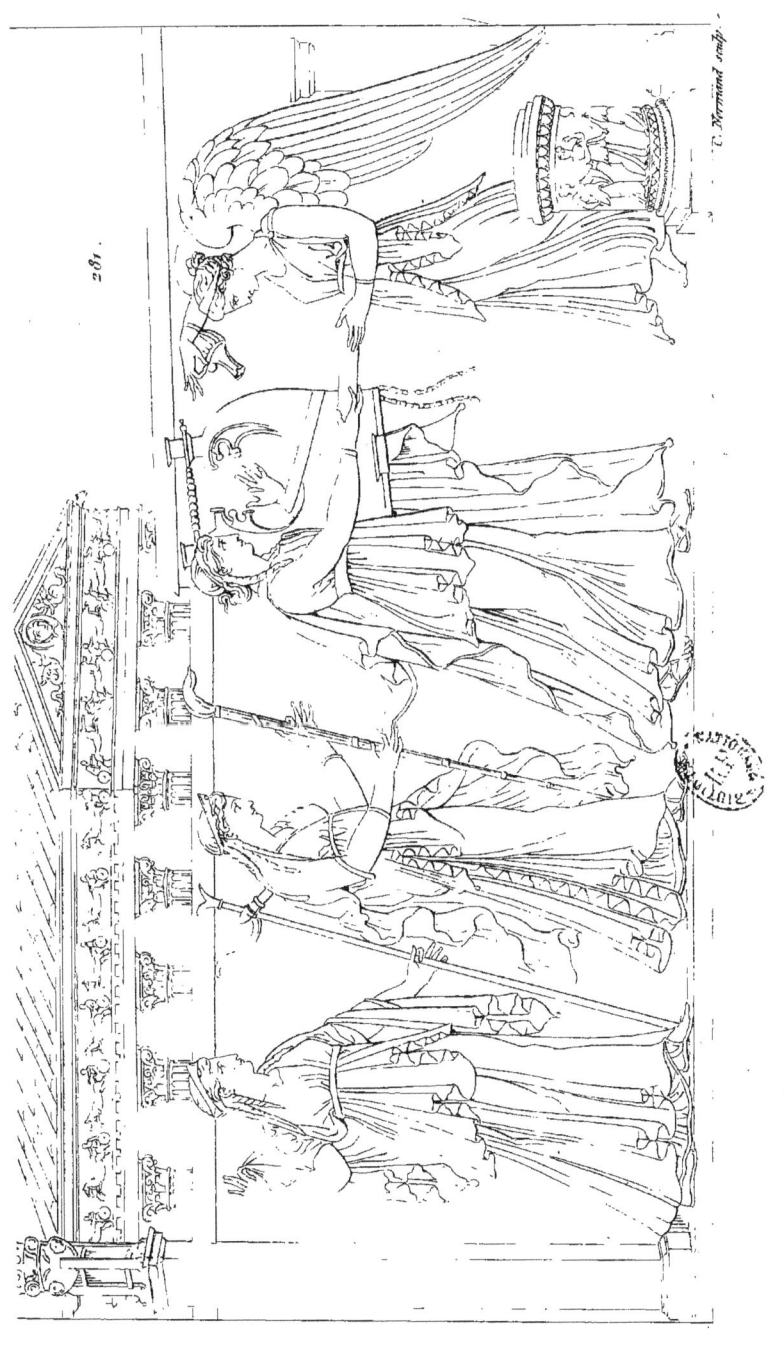

LXXVI.

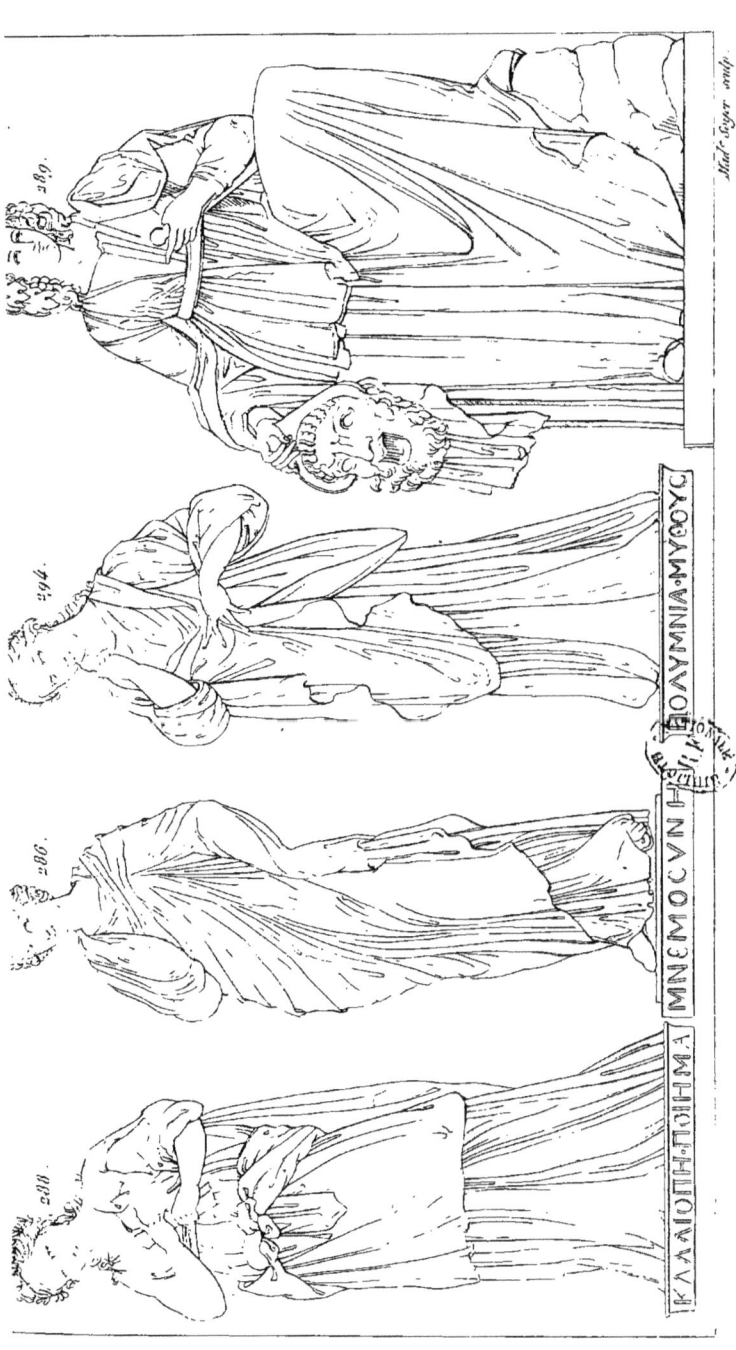

LXXVII.

LXXXI.

LXXXIII.

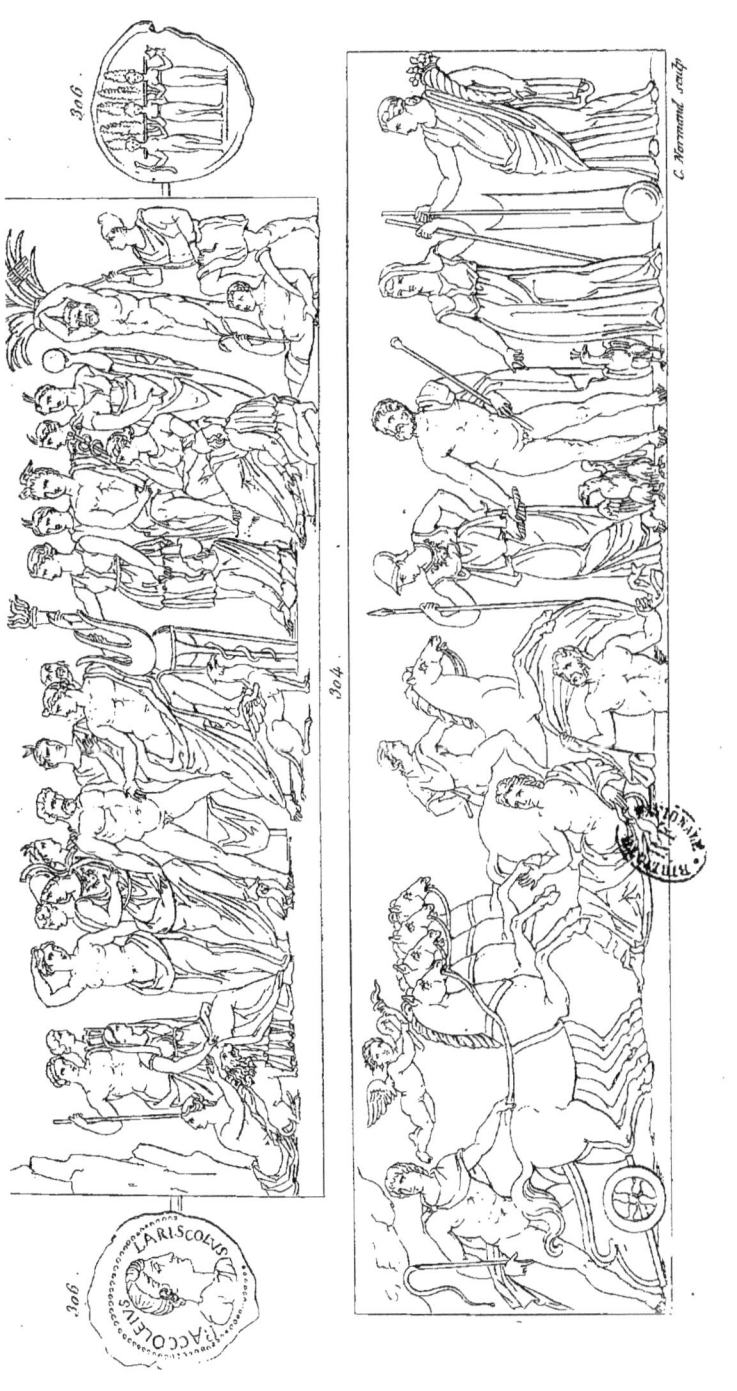

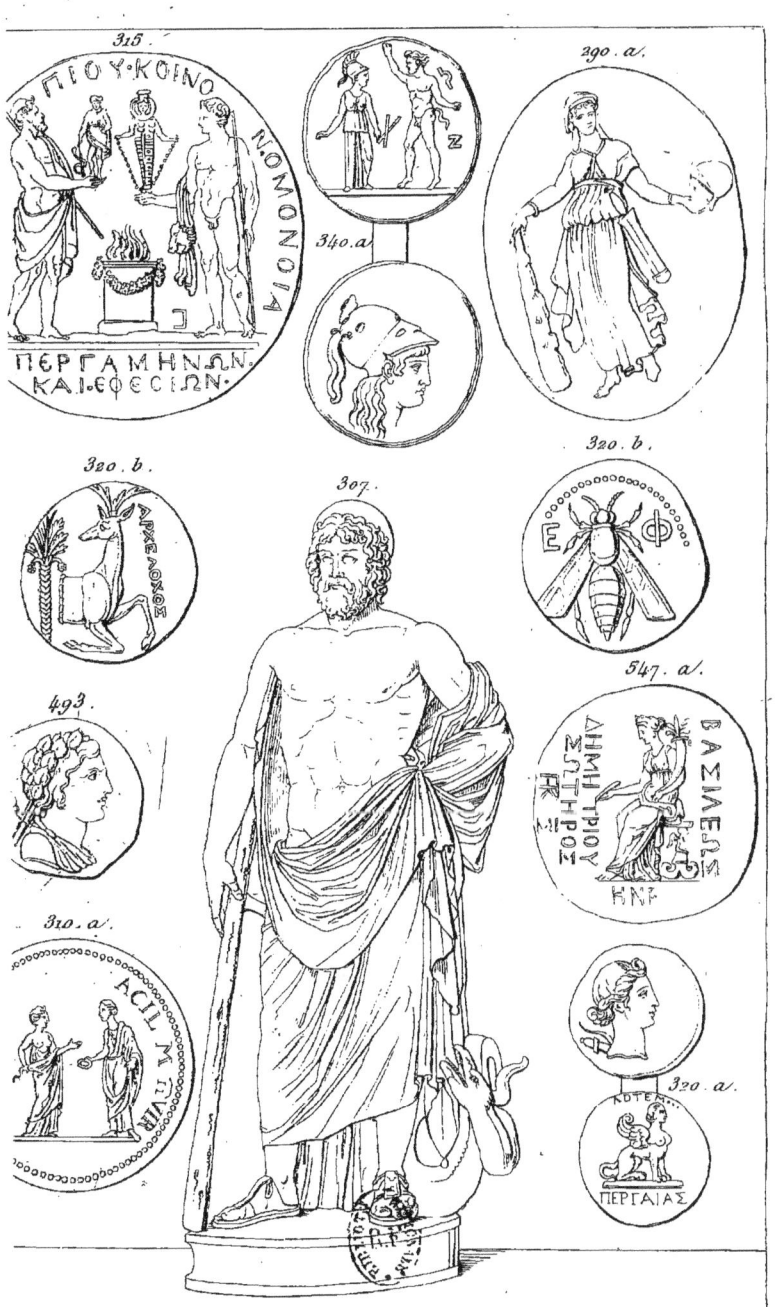

LXXXVI.

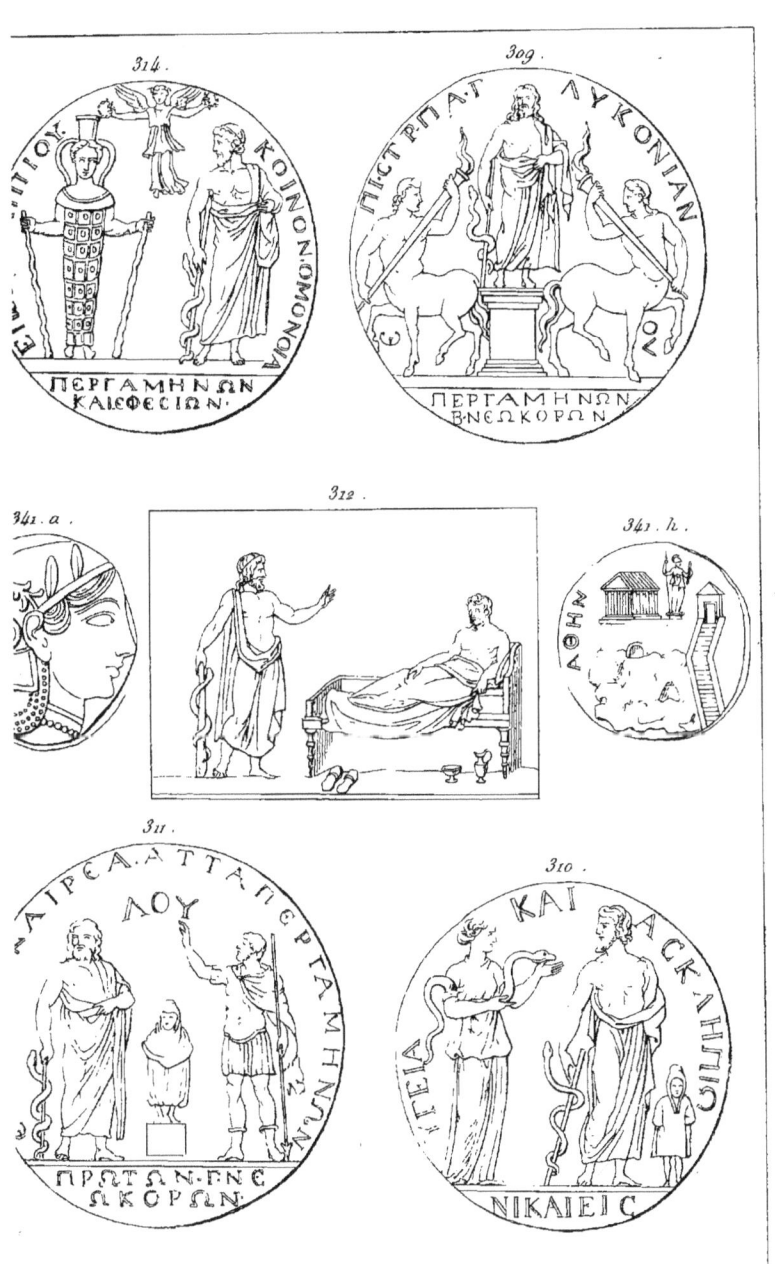

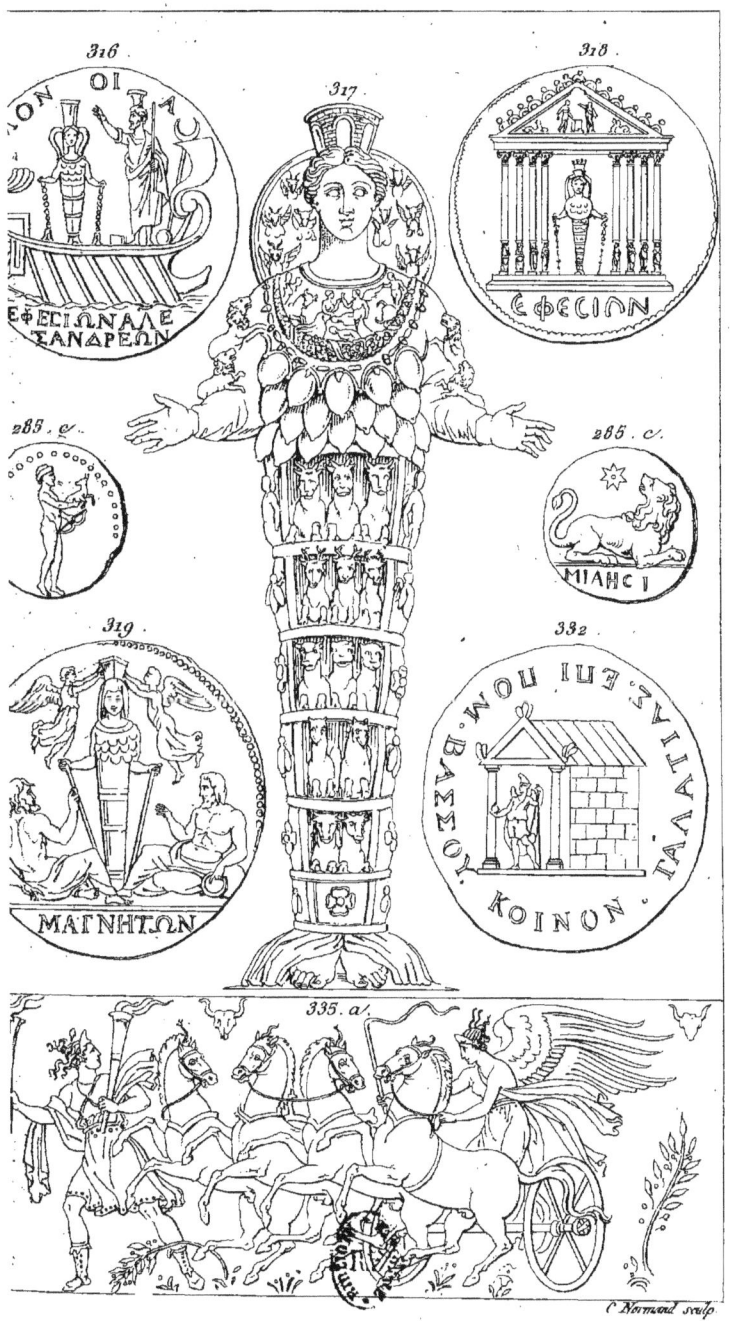

LXXXIX.

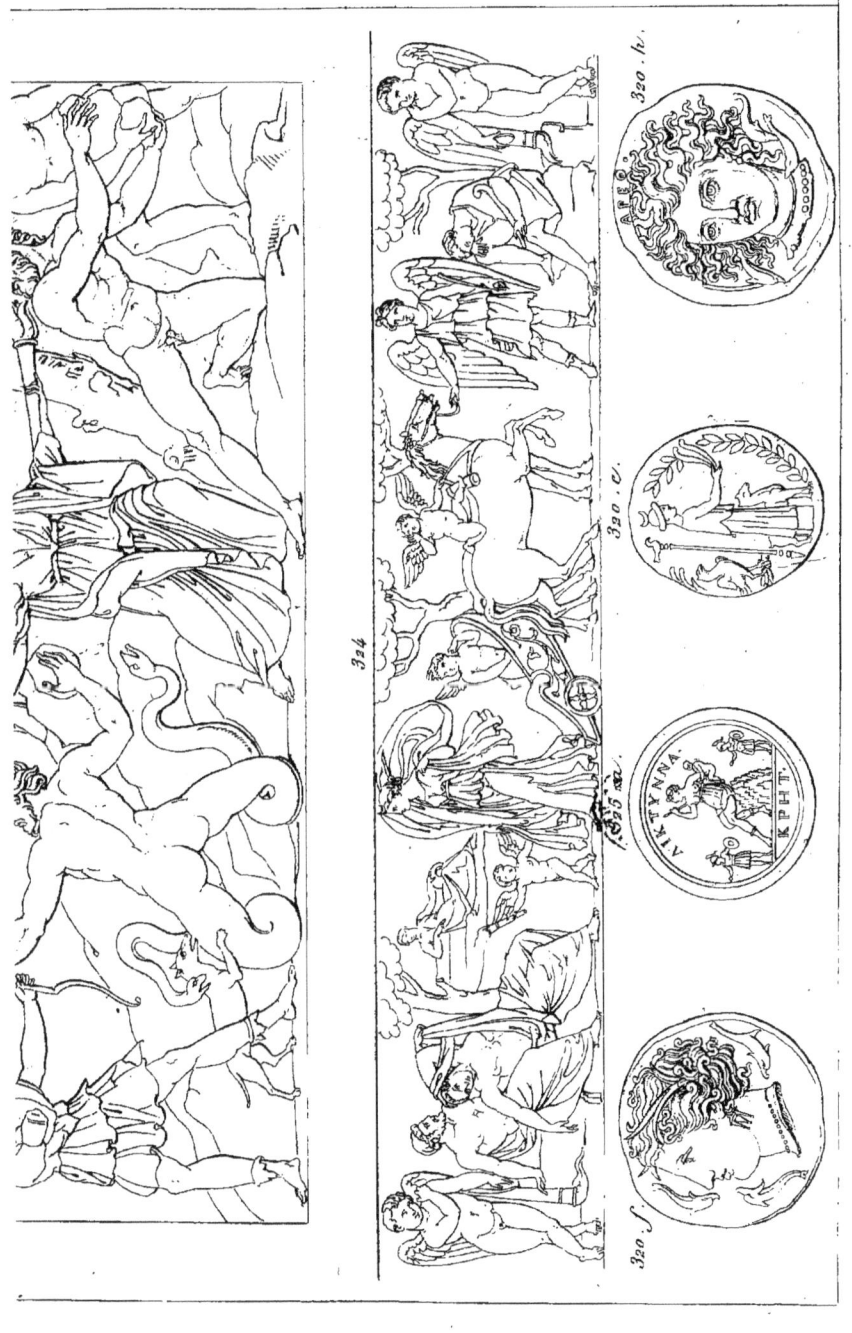

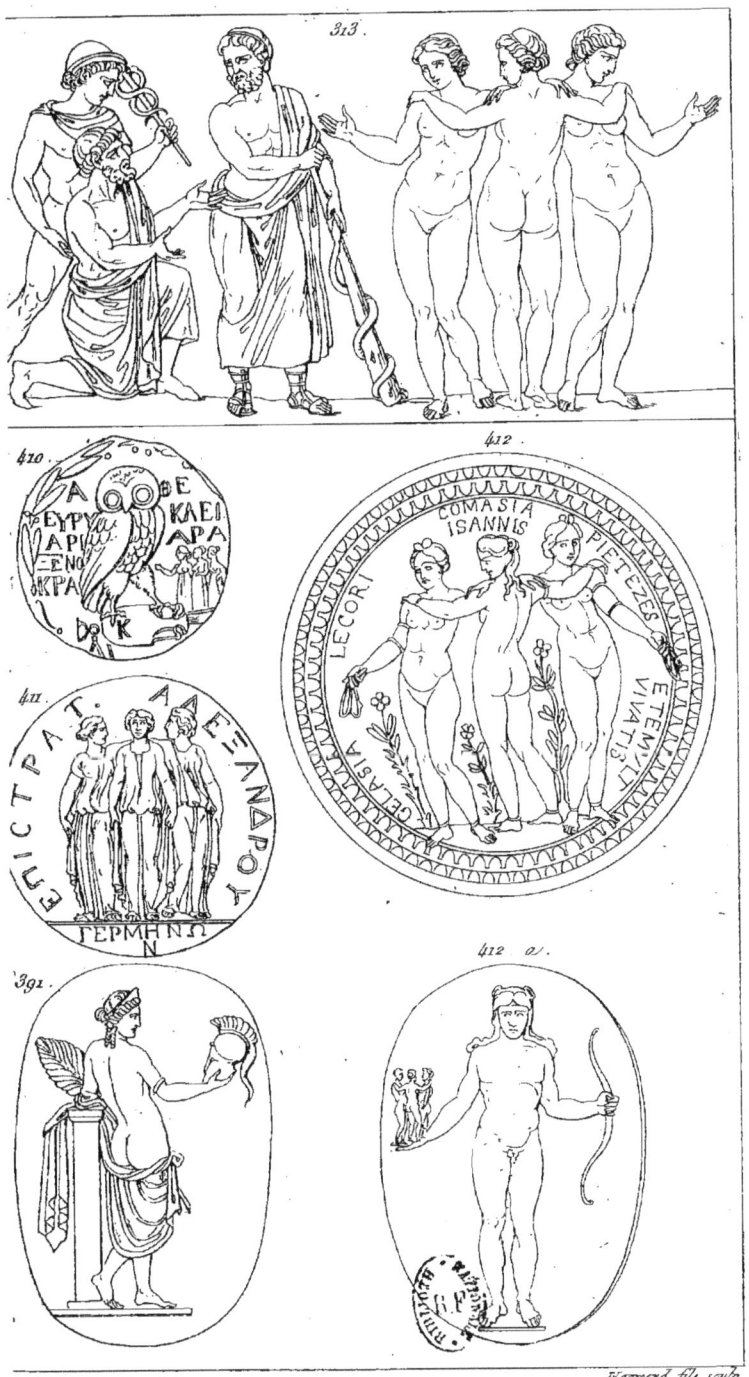

XCII.

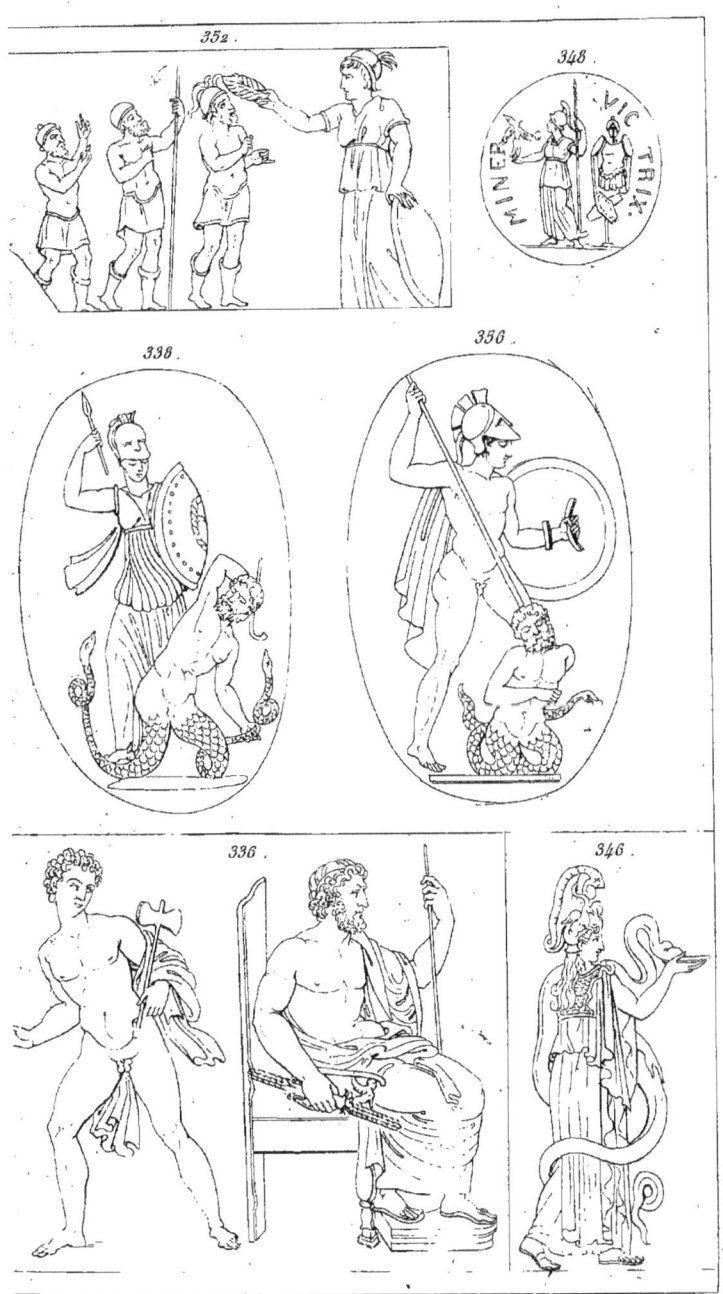

XCIII.

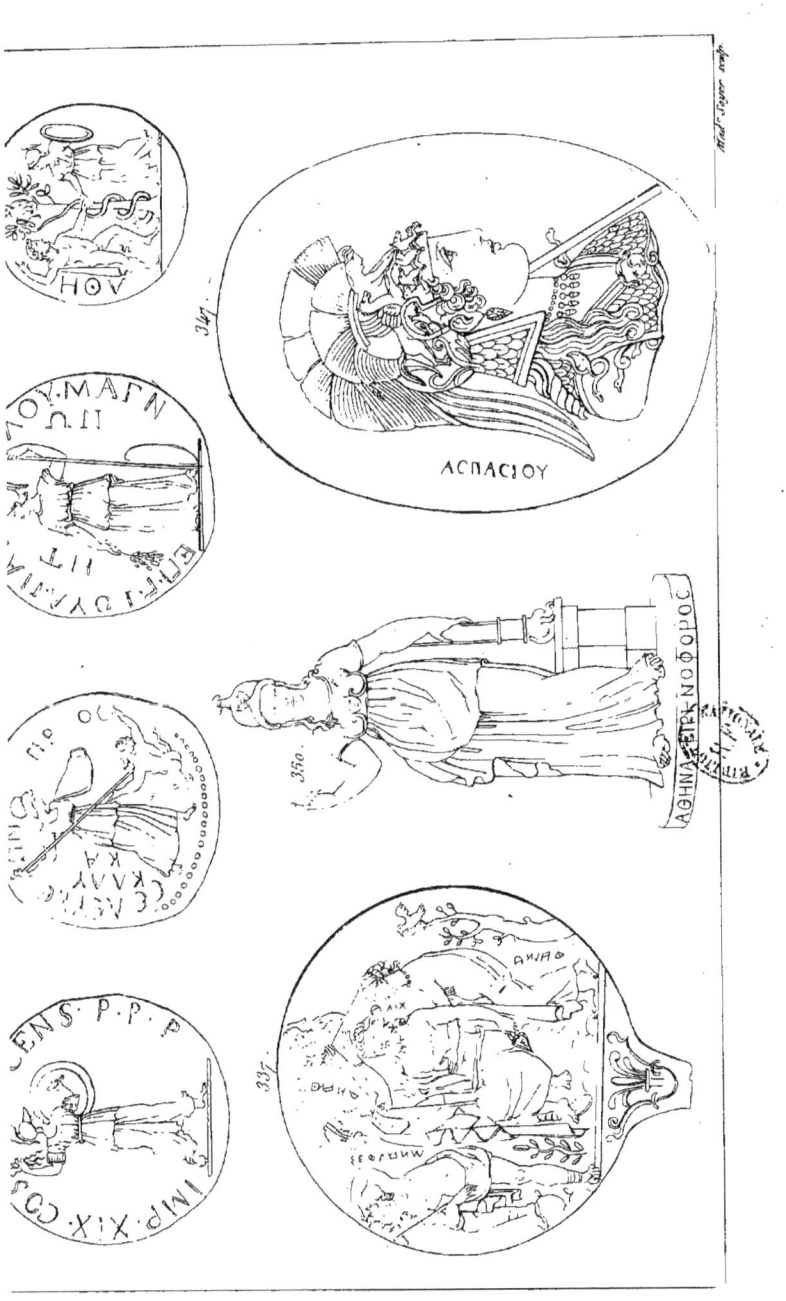

XCIX.

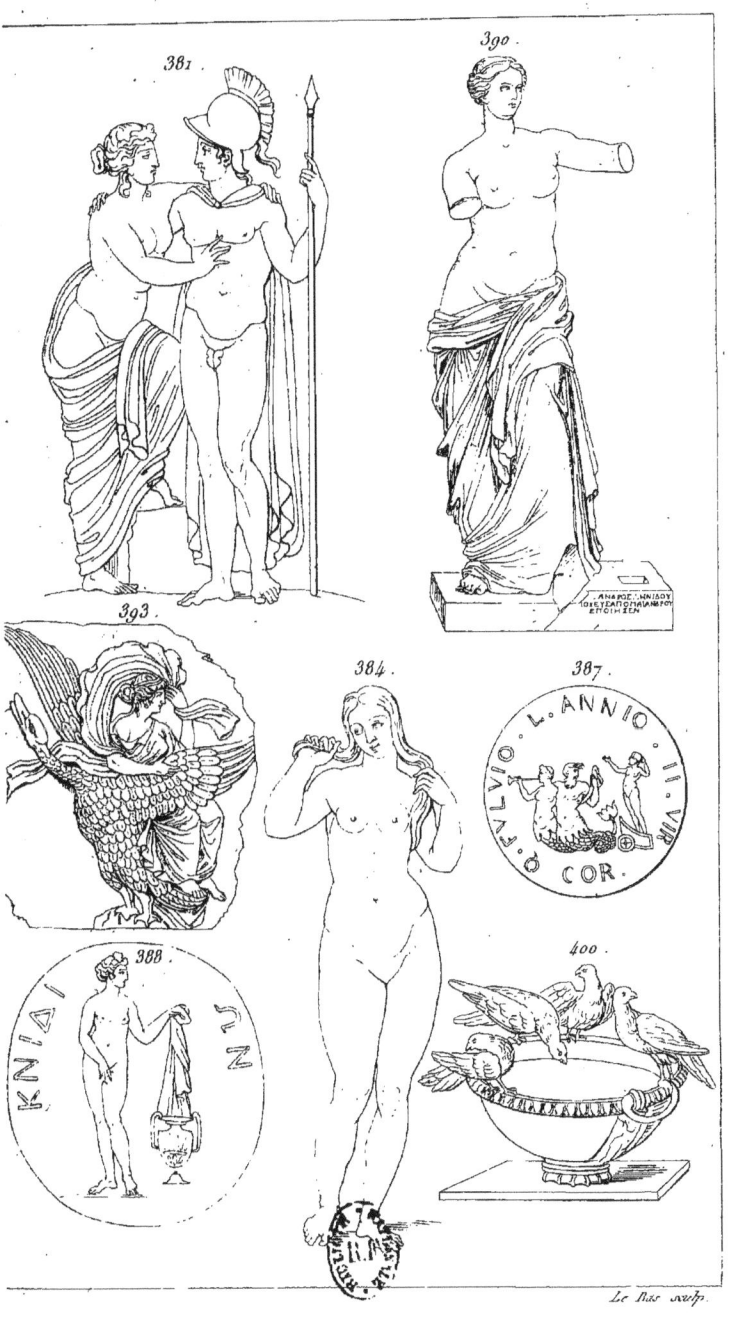

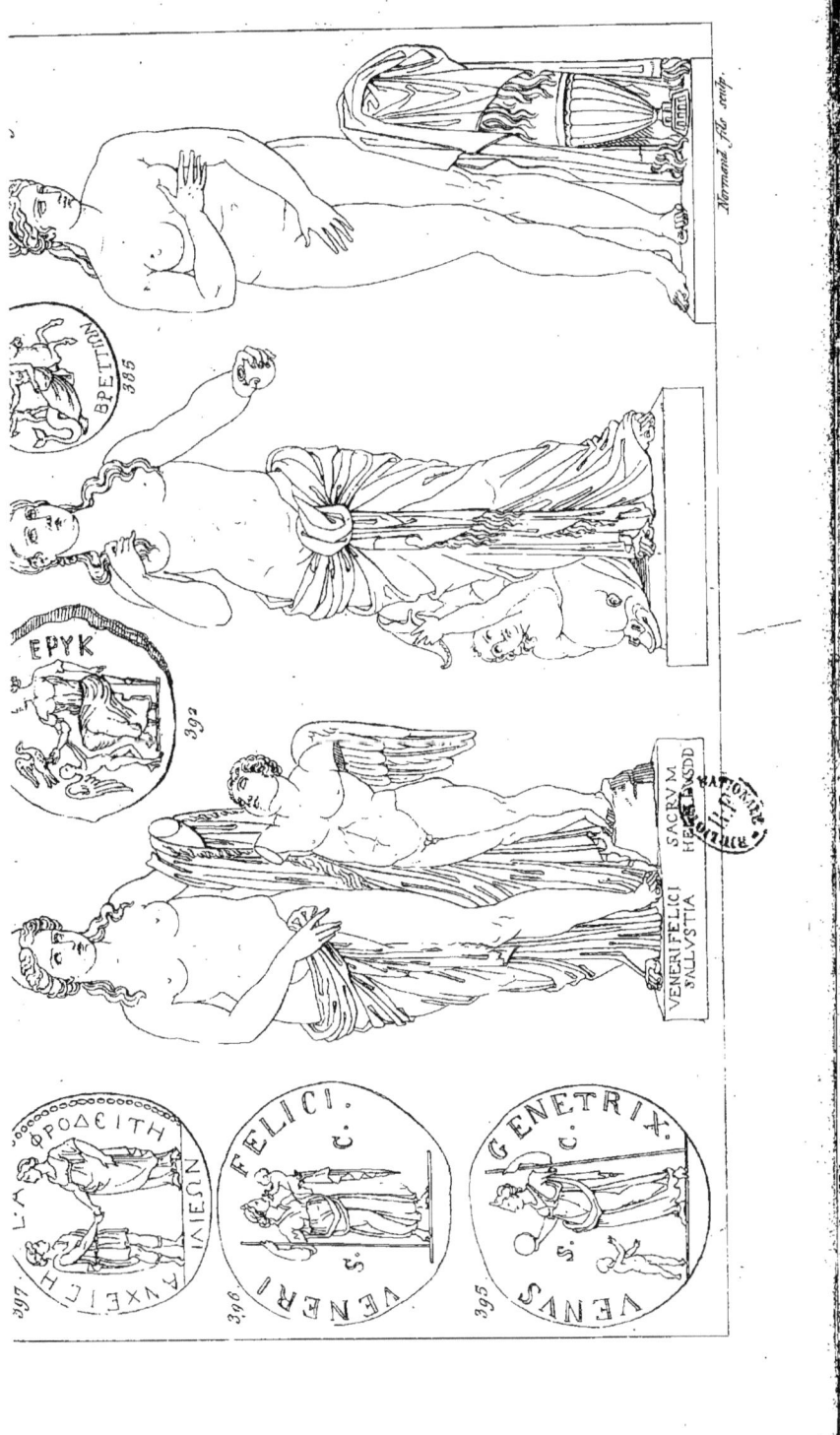

CII.

CIII.

421.

404.

Normand fils sculp.

CIV.

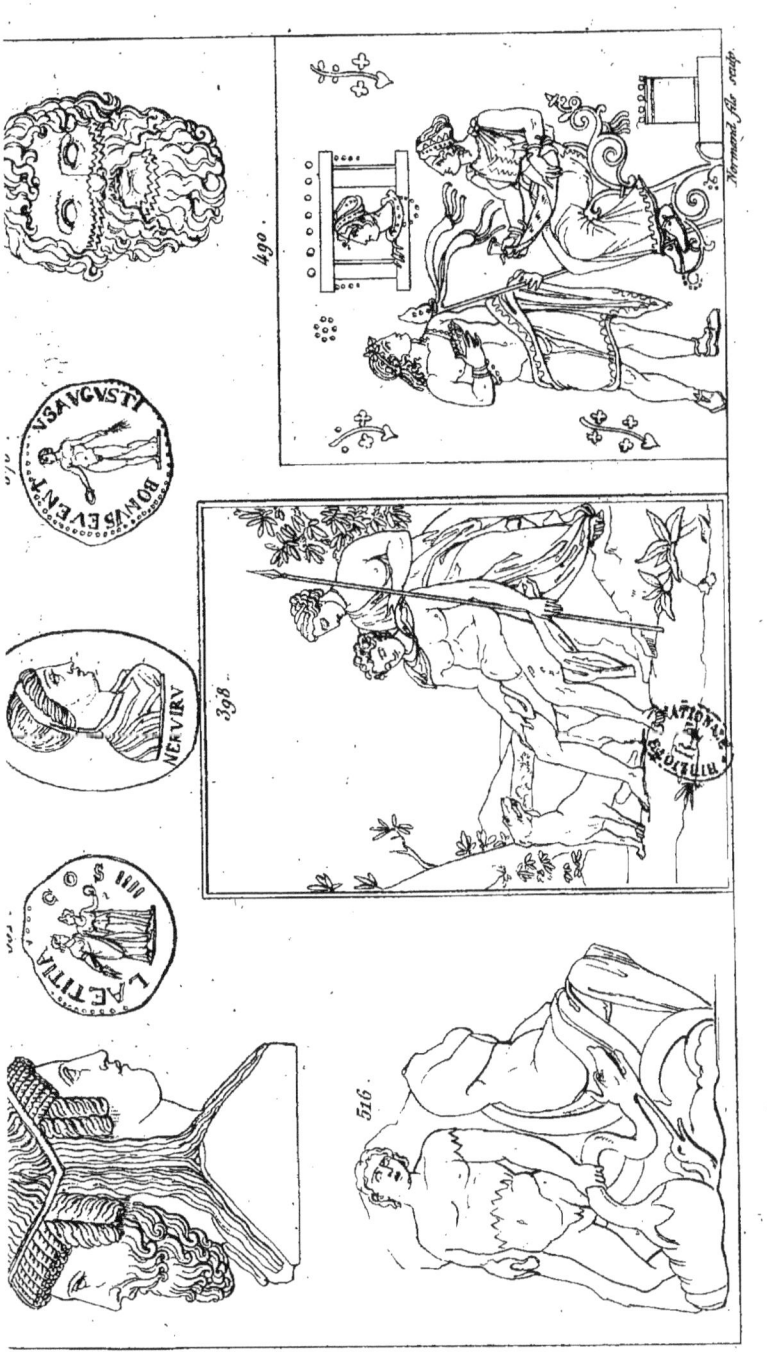

CV.

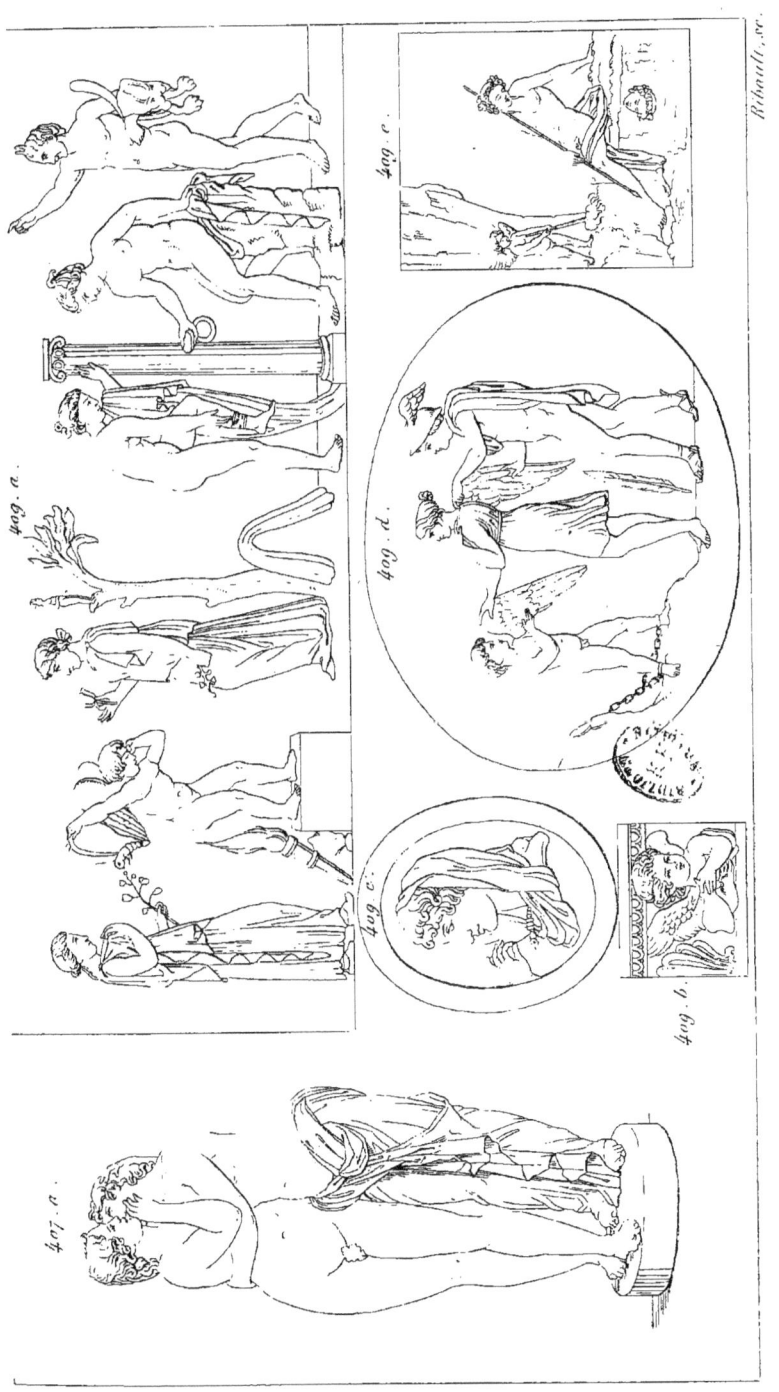

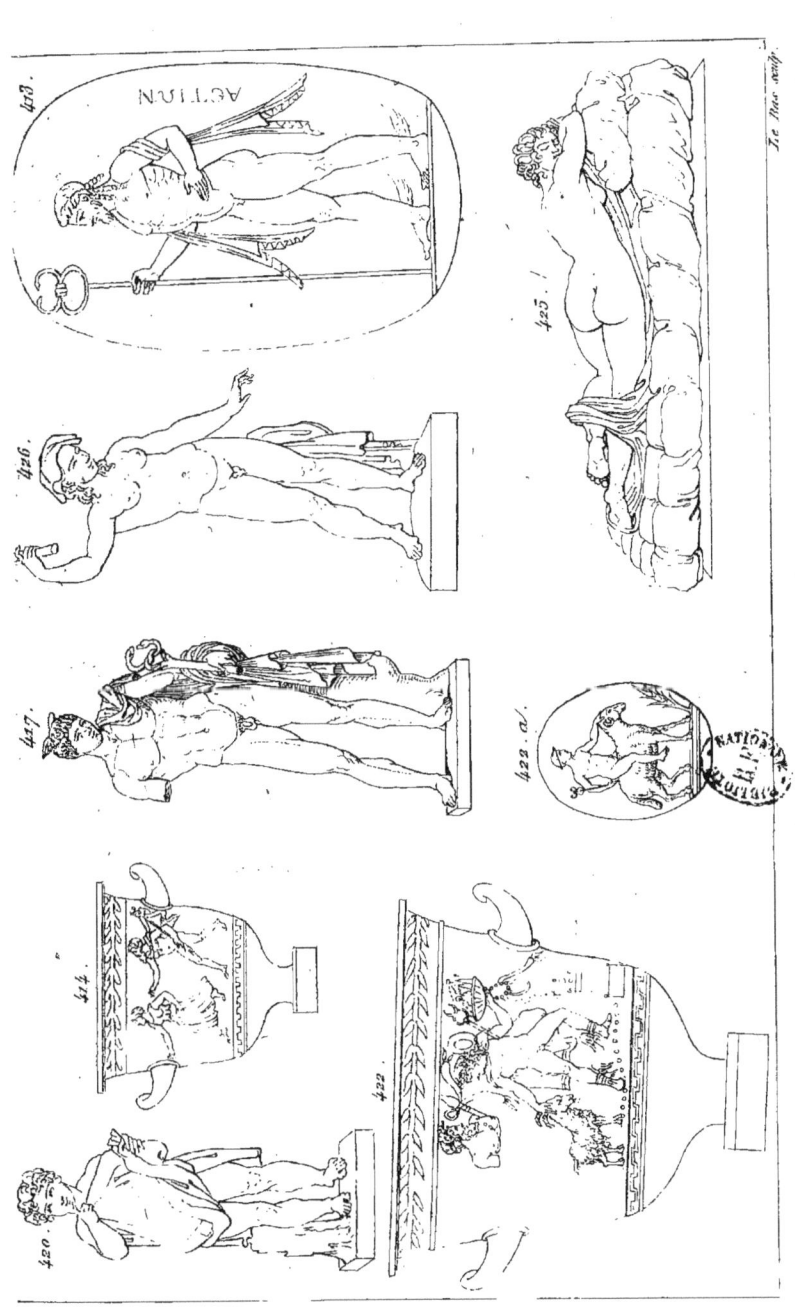

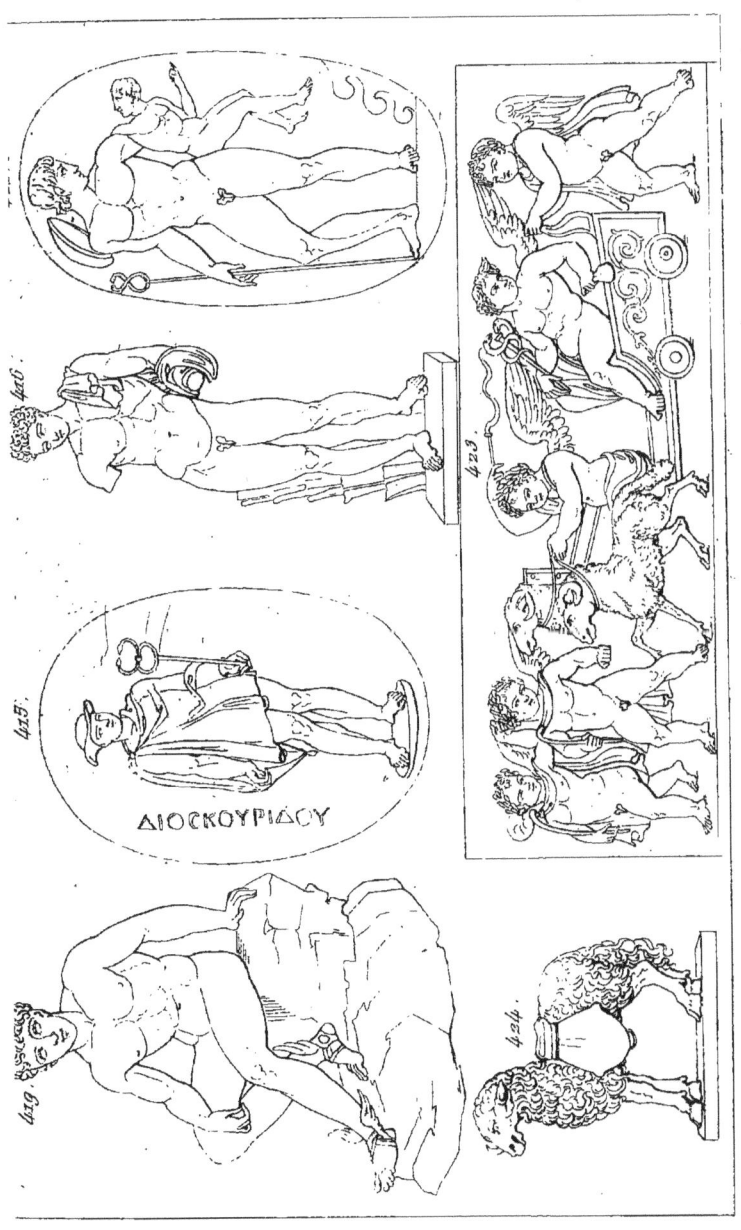

CVII.

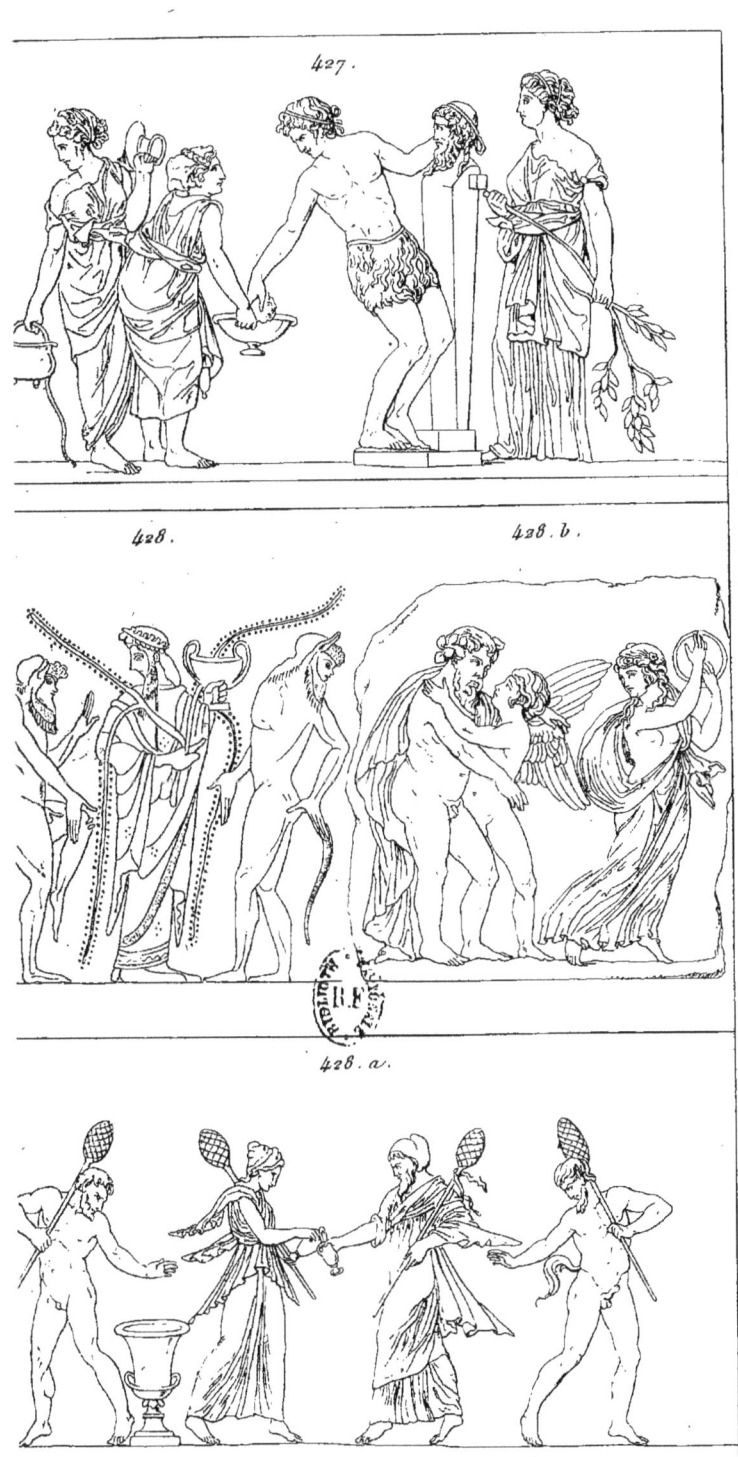

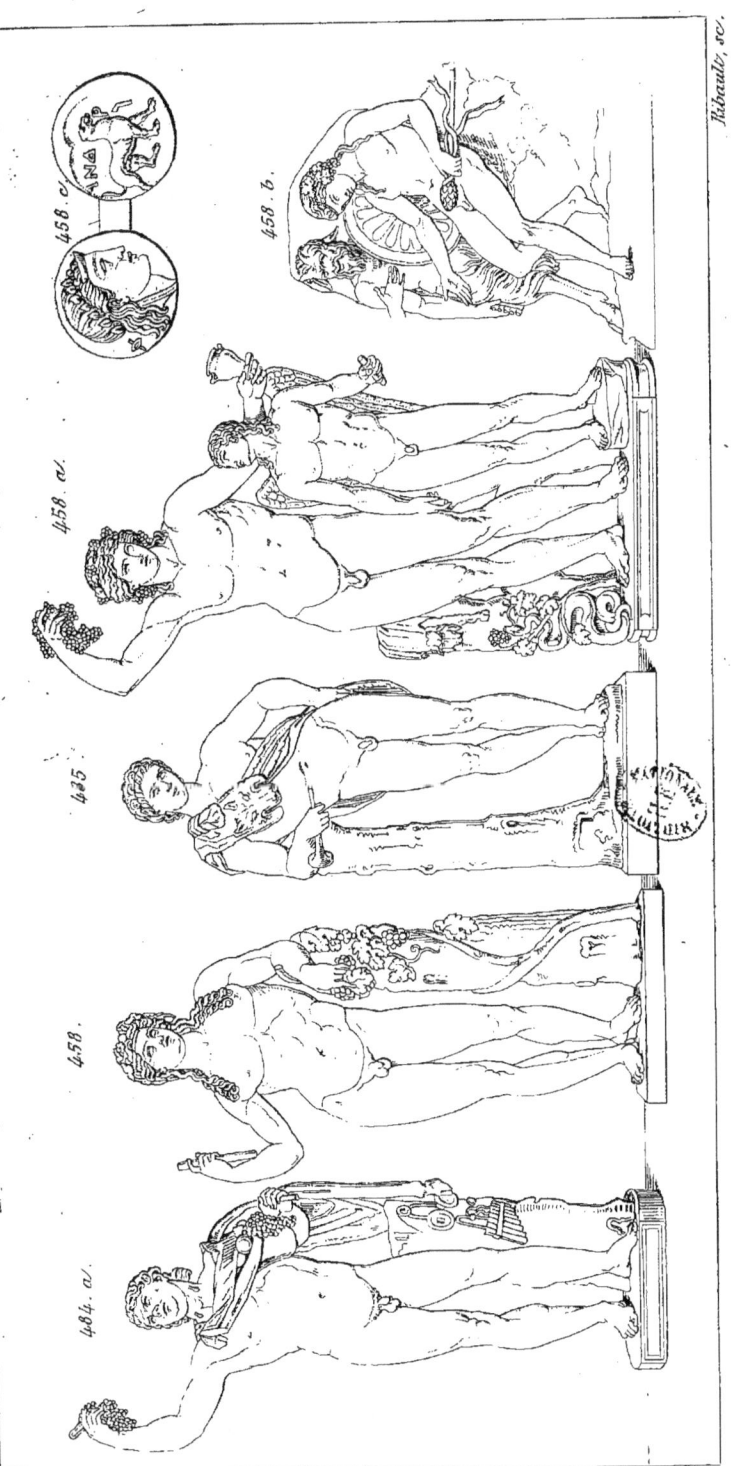

CVIII bis

Thibault, sc.

CIX.

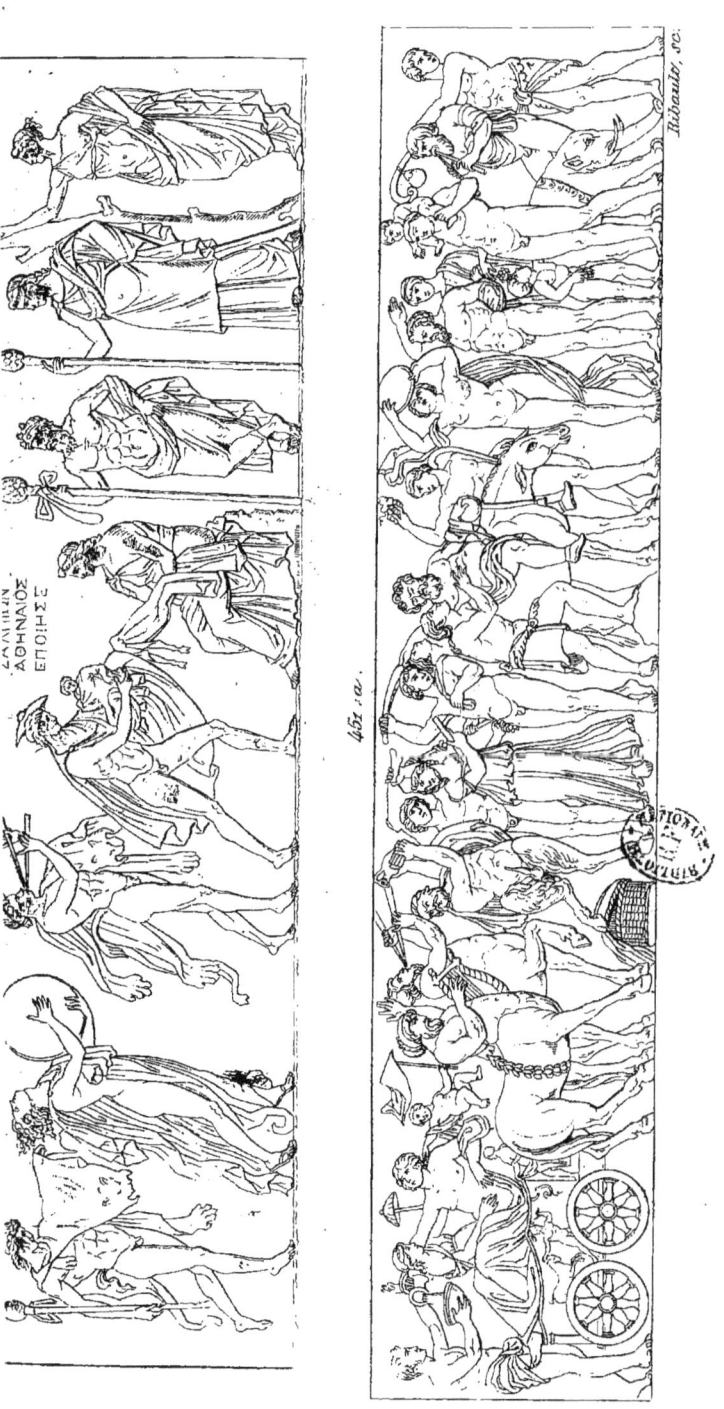

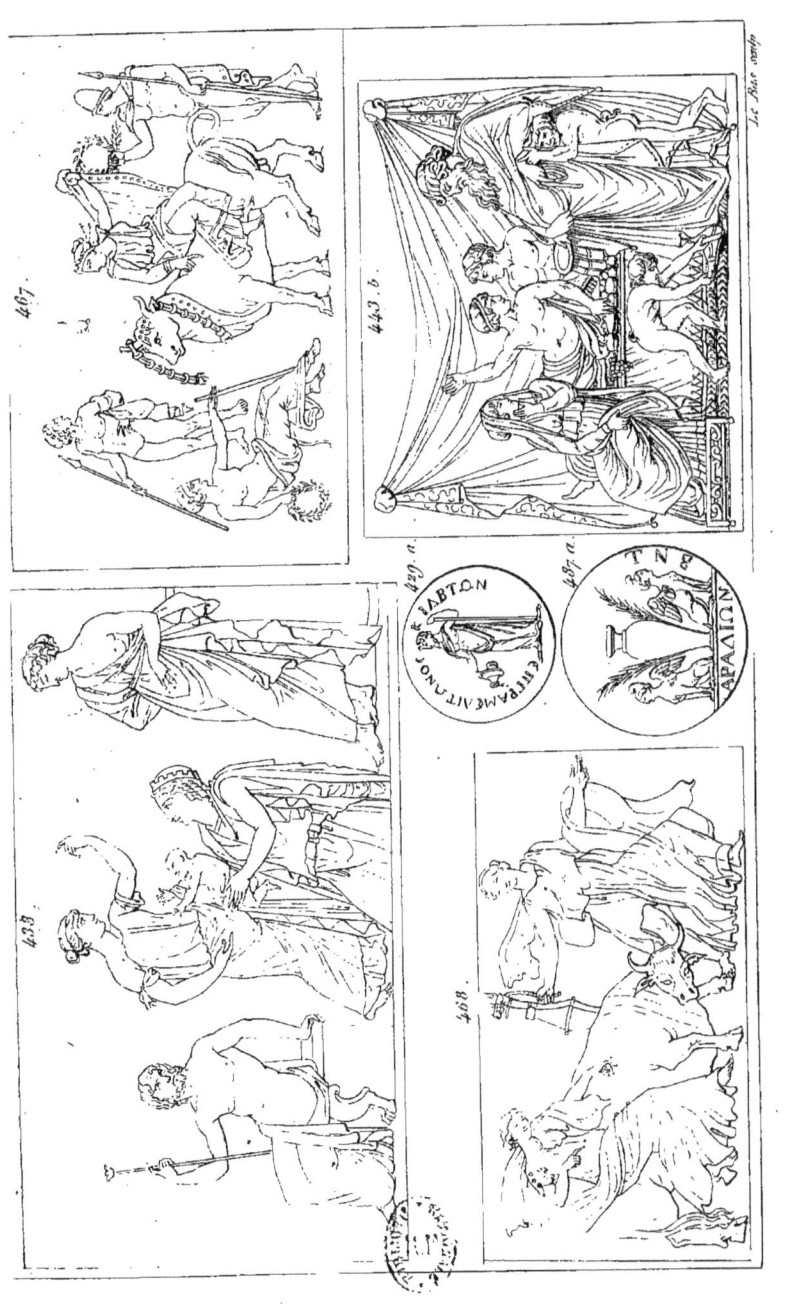

CXII.

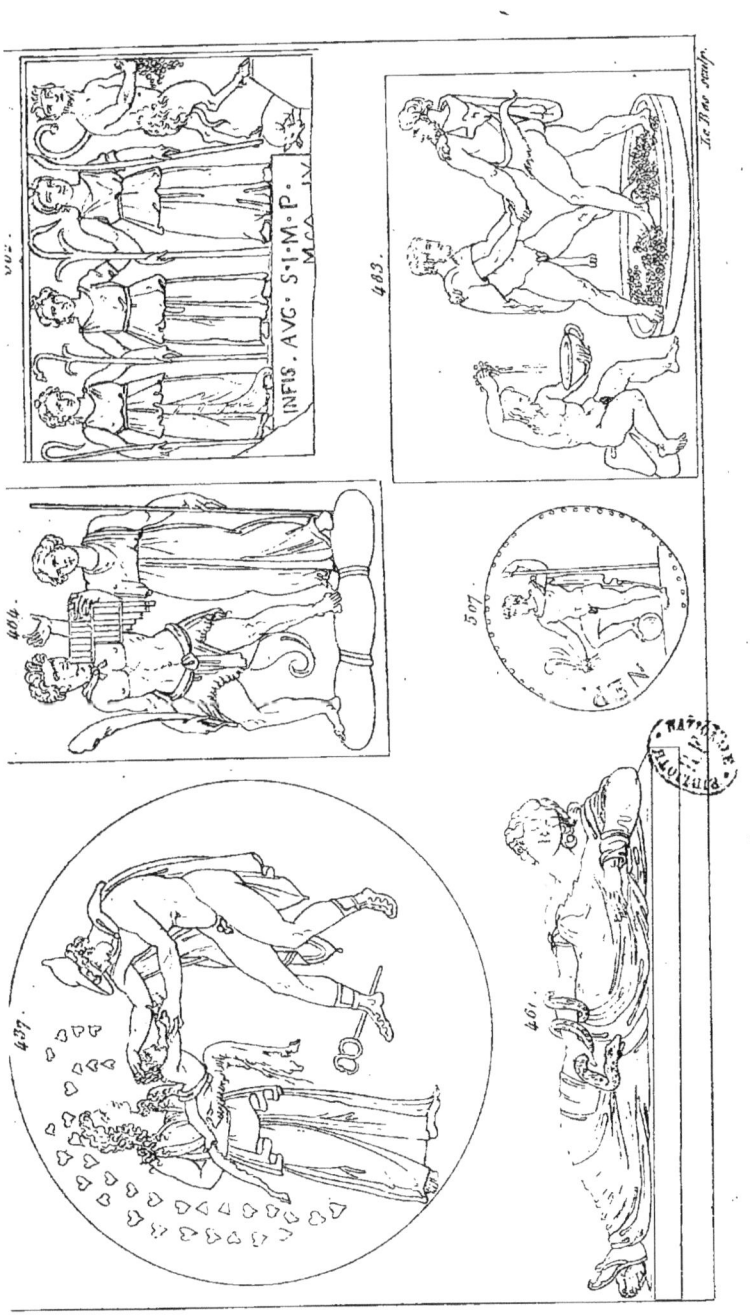

CXIII.

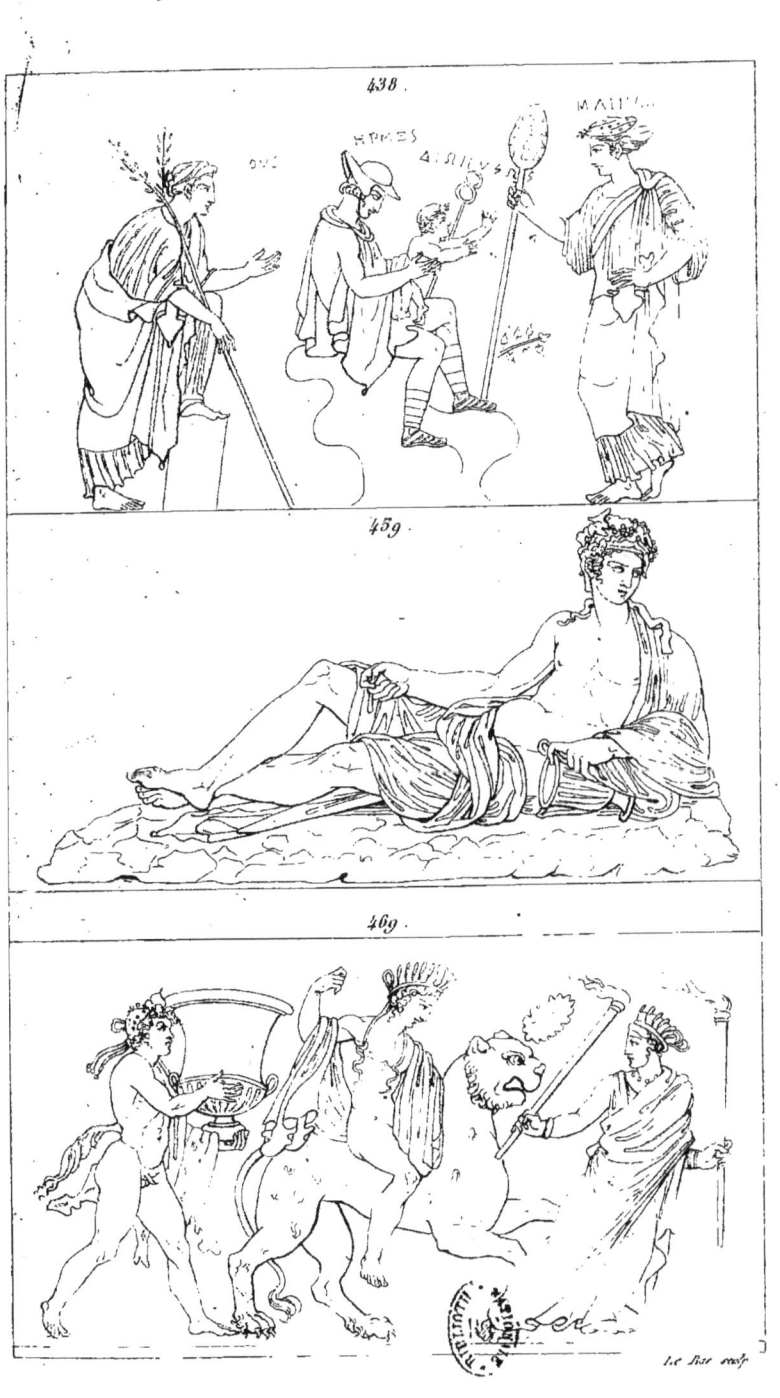

CXVI.

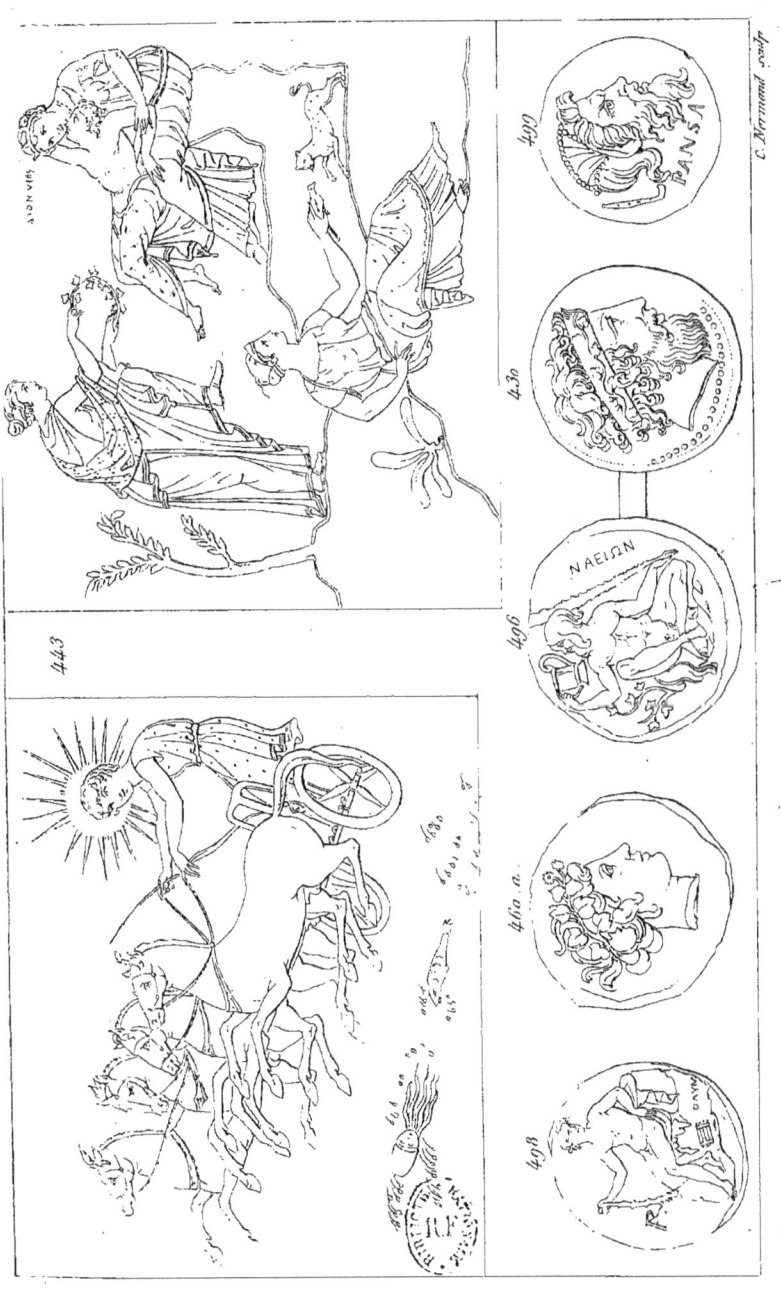

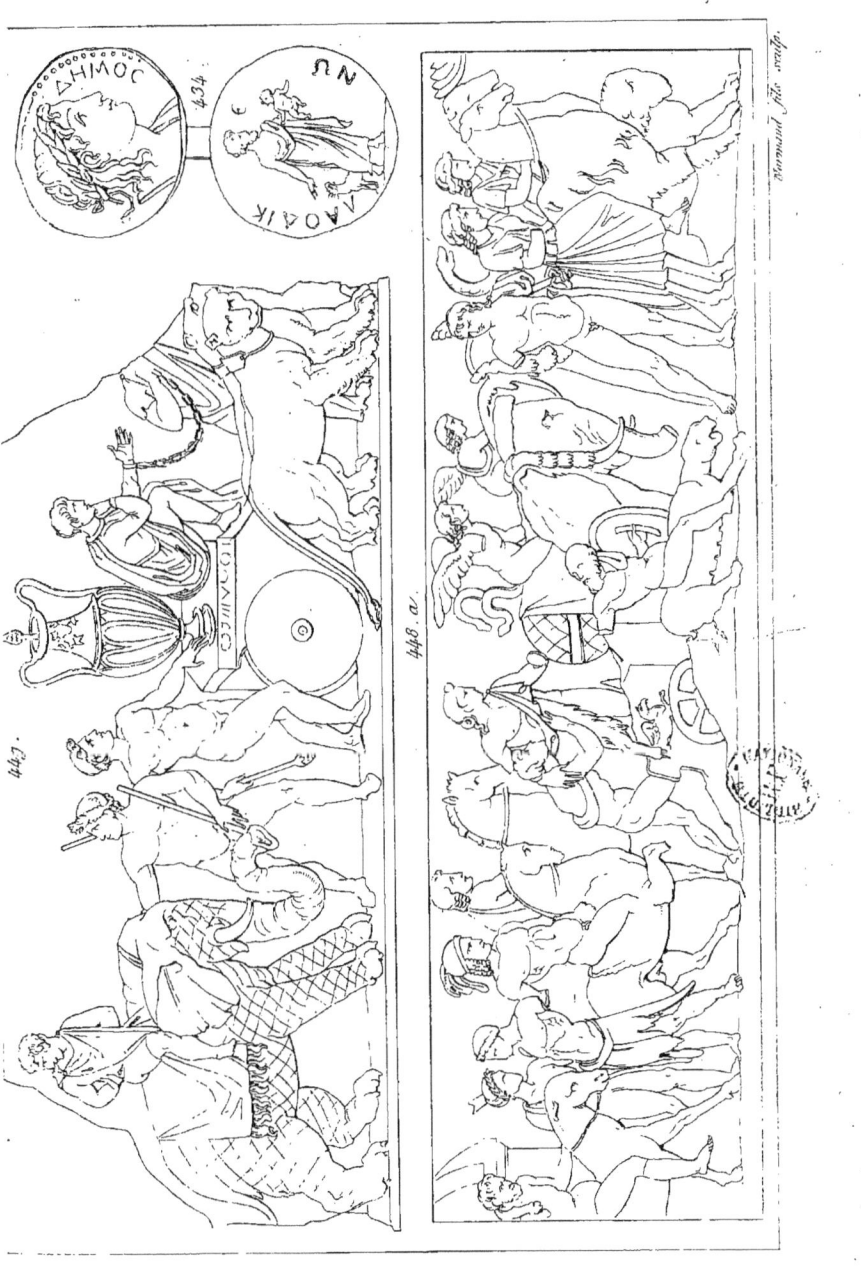

CXVIII.

CLXI.

CXXII.

CXXIII.

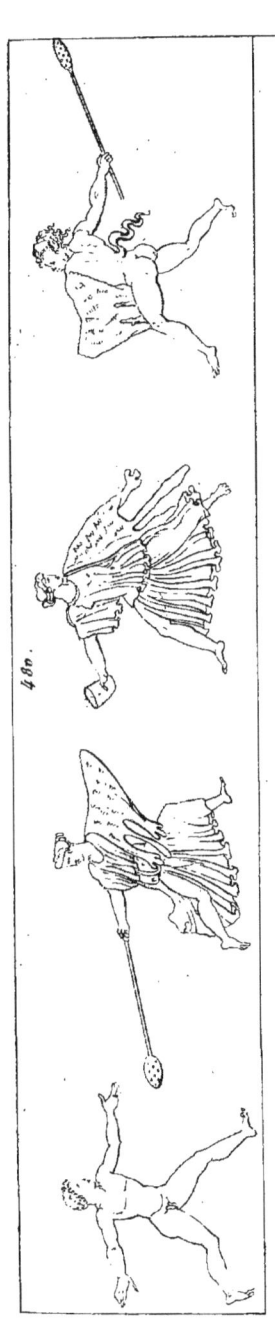

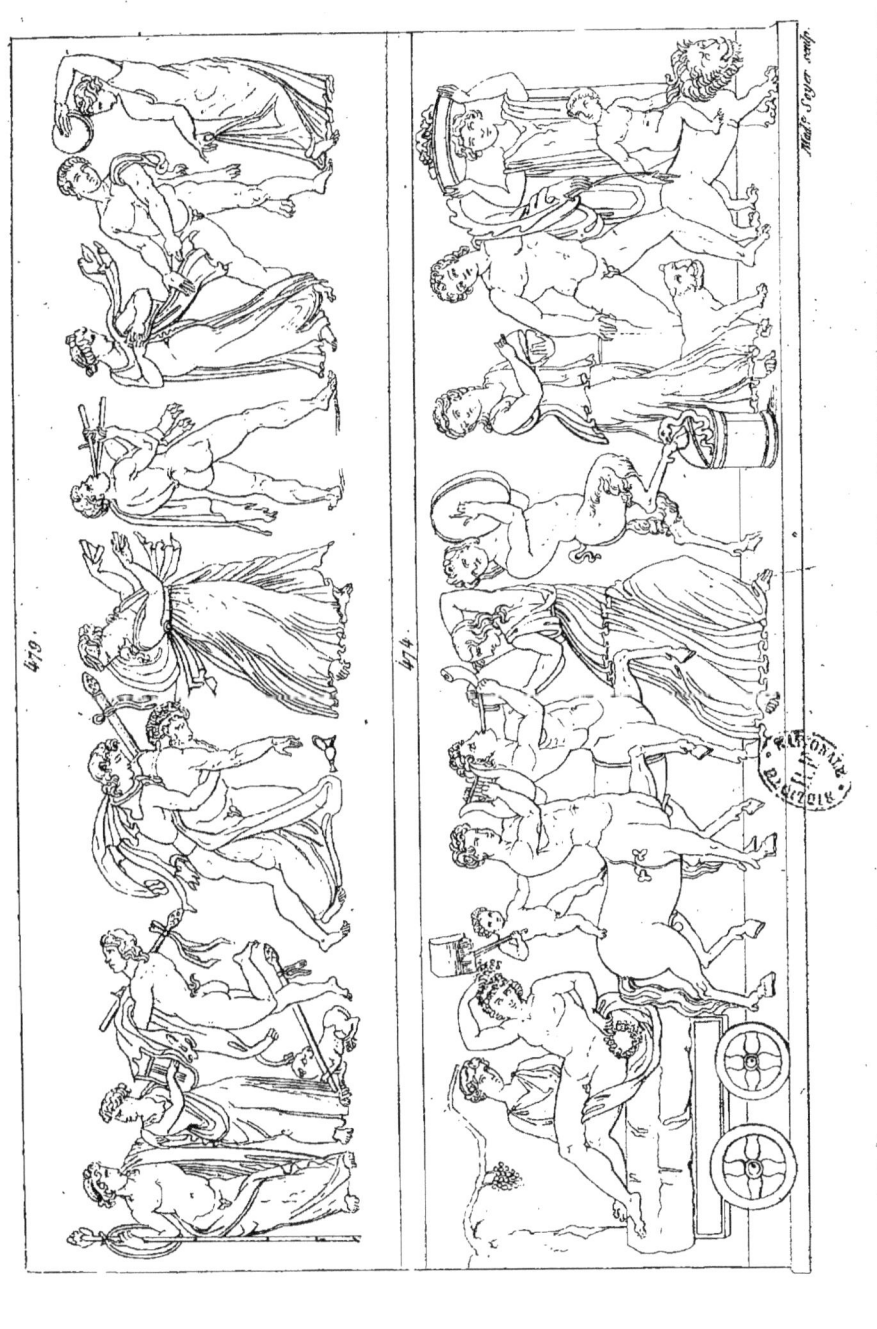

CXXV.

CXXVI.

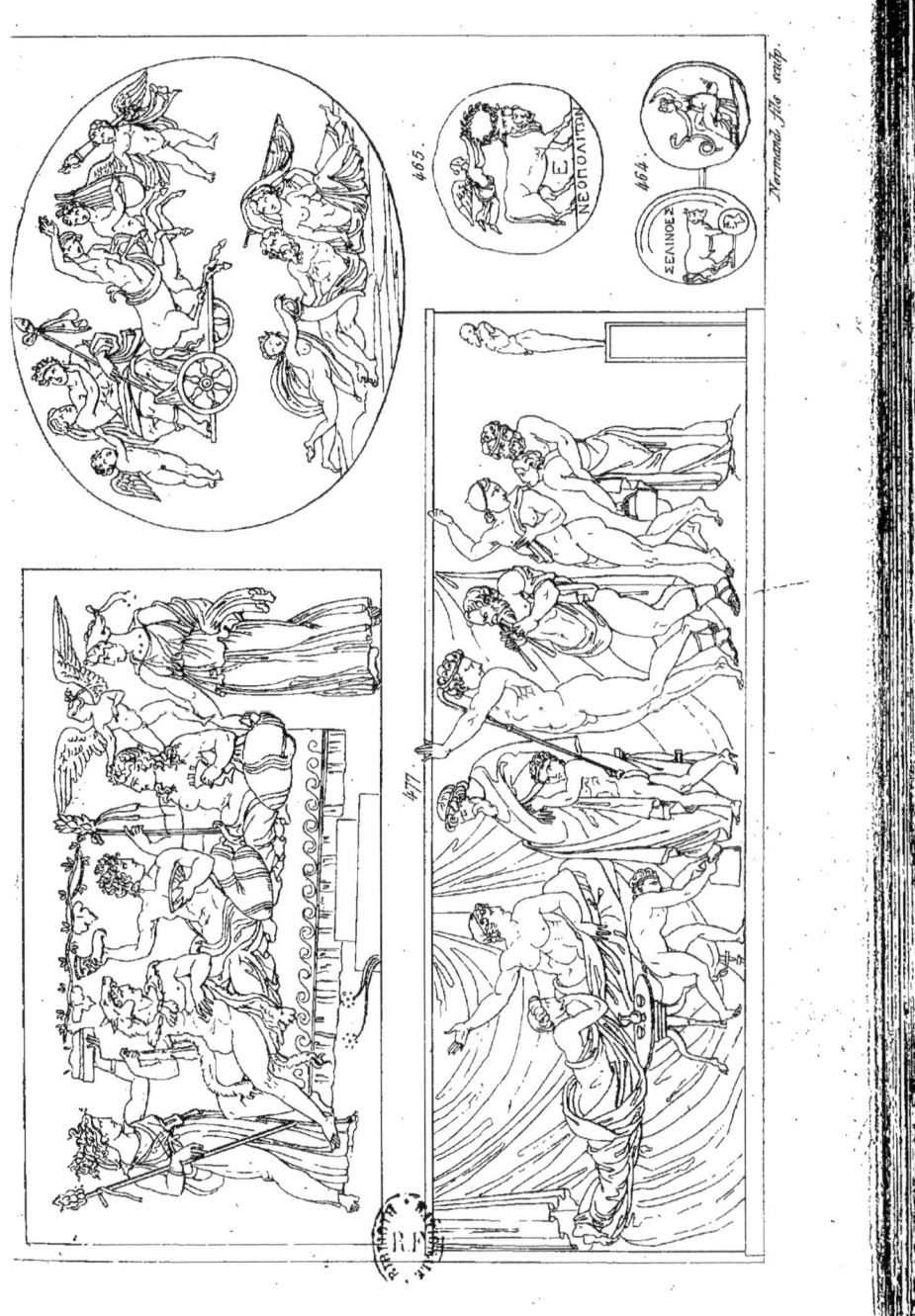

Normand fils sculp.

CXXVII.

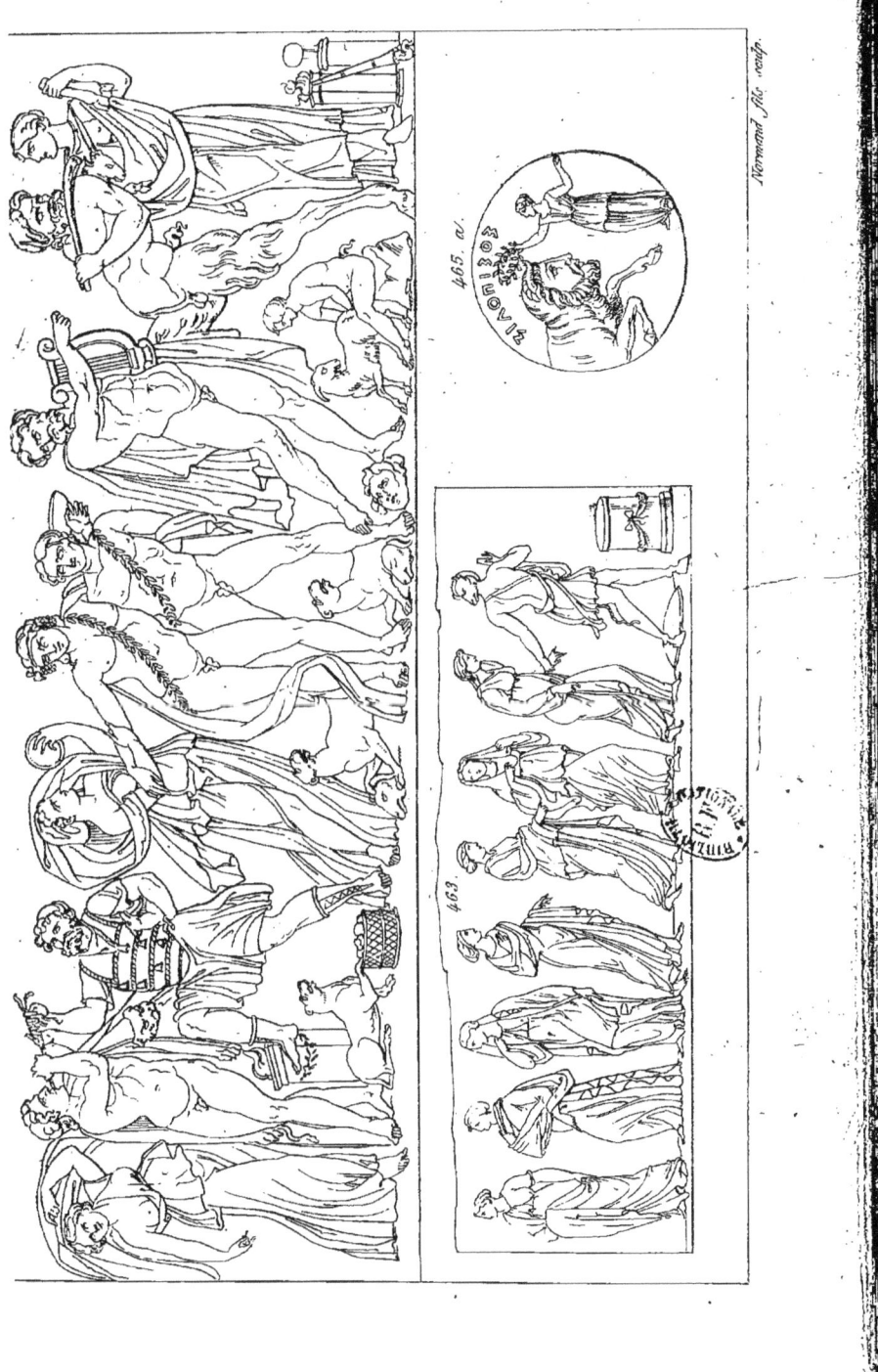

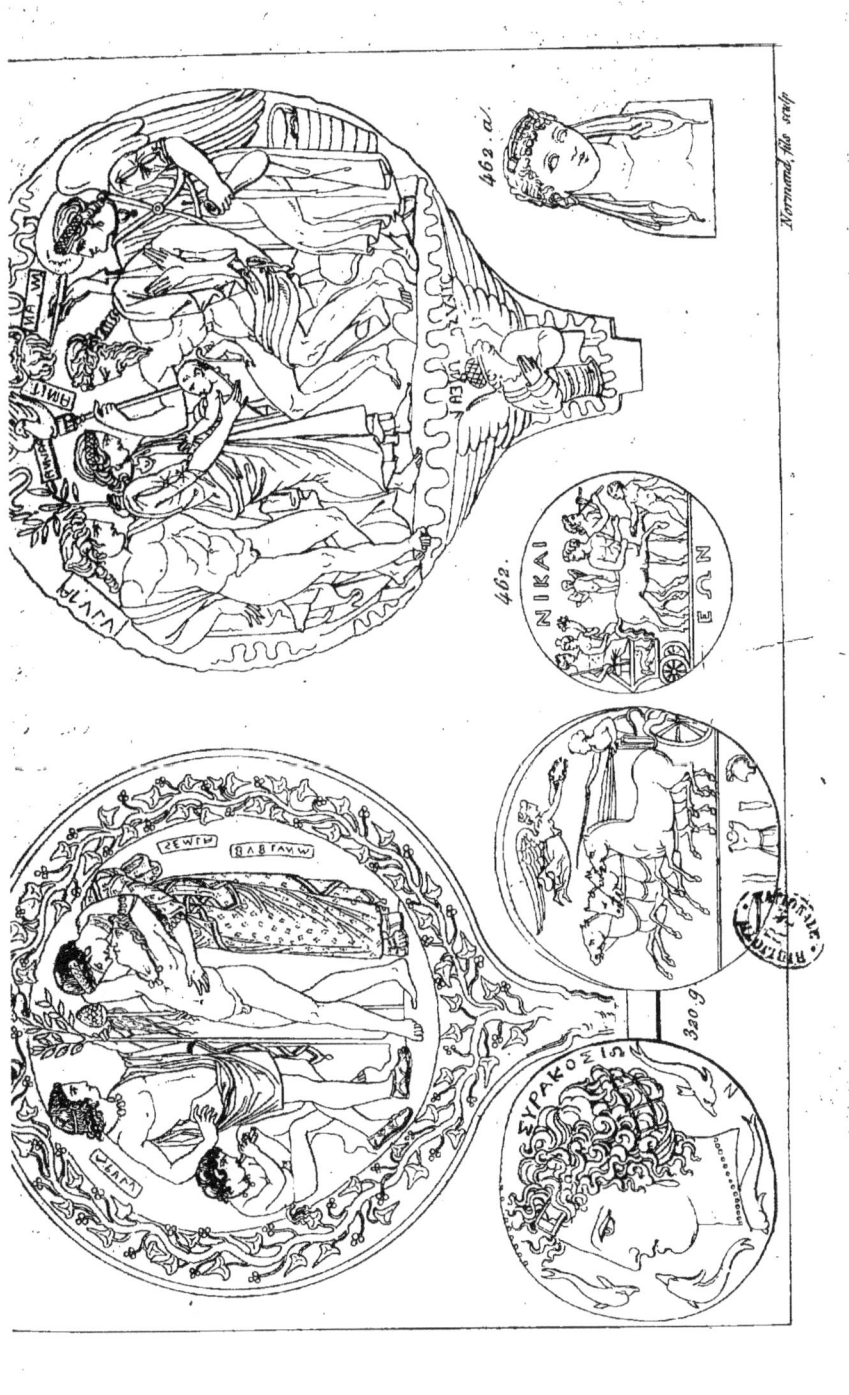

CXXVIII

CXXIX.

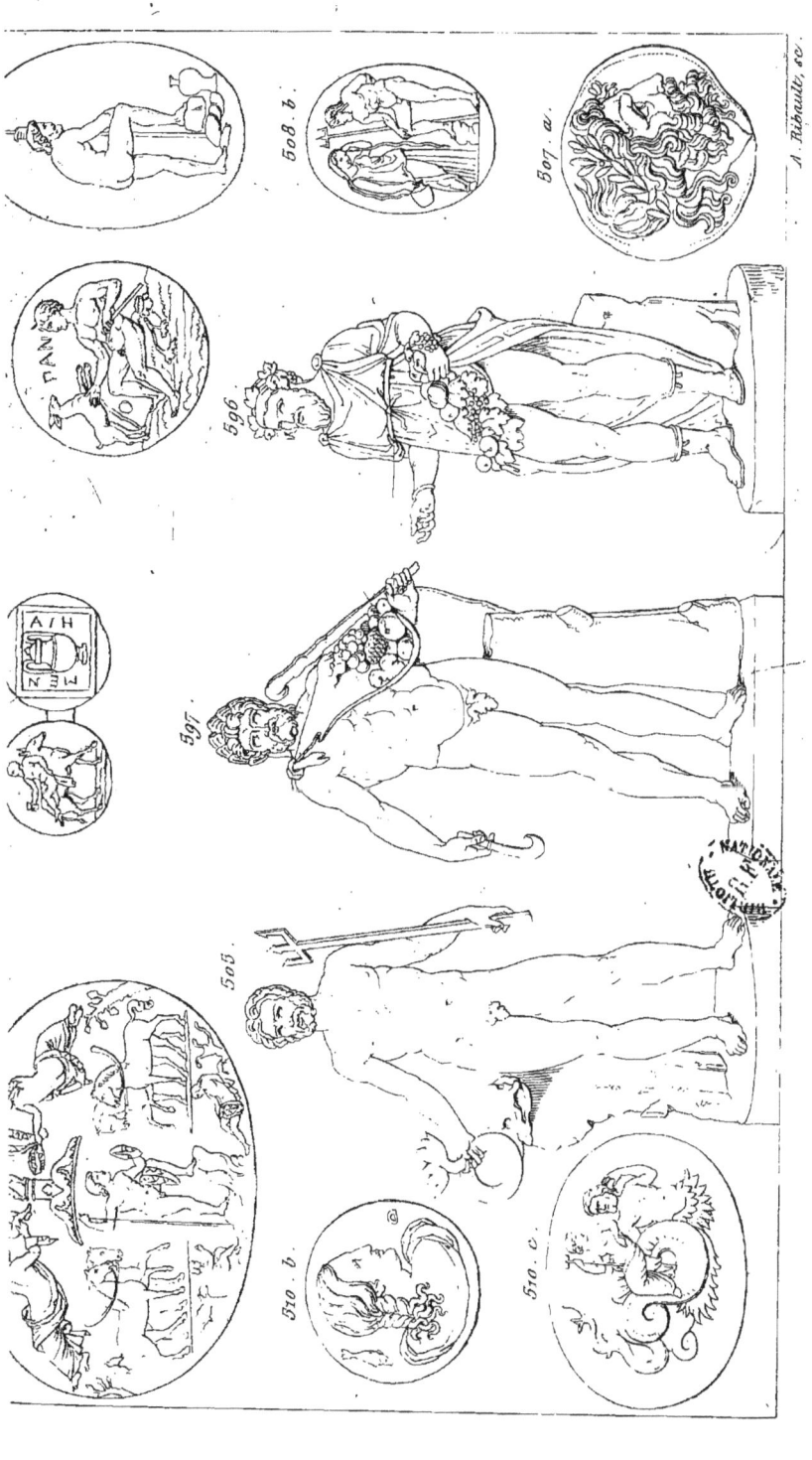

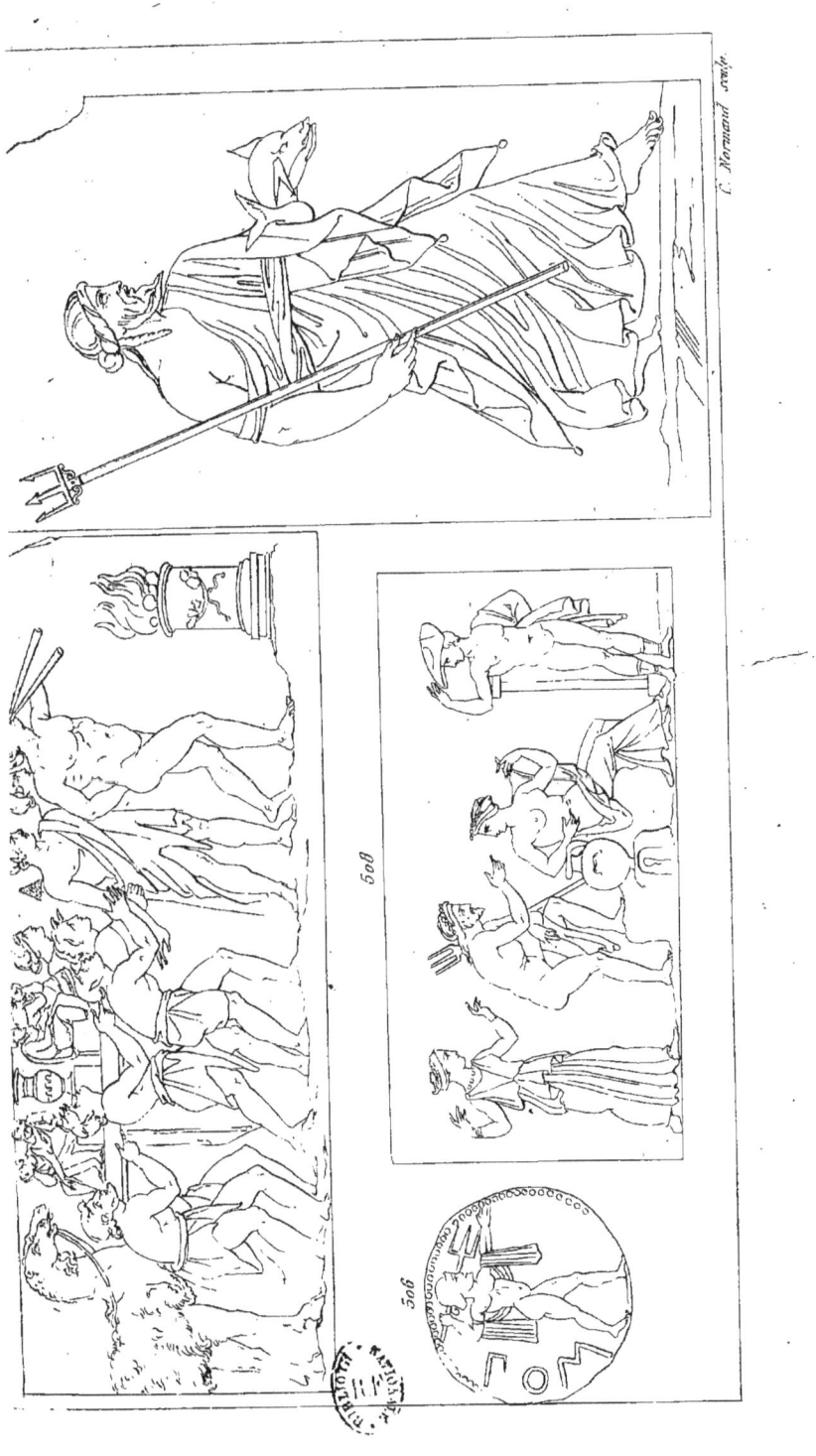

CXXXI.

237.

509.

238. c.   238. a.   238. b.

Ribault, sc.

CXXXII.

CXXXIII.

518

523

CXXXV.

CXXXVIII.

529.

742.a.

503.
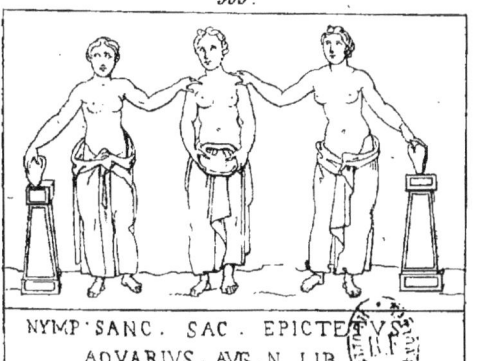

527.

Normand fils sculp.

503.a.

TI·CLAVDIVS · ASCLEPIADES
ET·CAECILIVS· ASCLEPIADES
EX VOTO · NYMFABVS· D·D·

501.

ΟΙΠΛΥΝΗΣ: ΝΥΜΦΑΙΣ· ΕΥΞΑΜΕΝΟΙ: ΑΝΕΘΕΣΑΝ: ΚΑΙΦΕΟΙΣ ΠΑΣΙΝ
ΙΛΑΓΟΡΑΣ · ΞΩΚΥΠΡΟΥ : ΞΩΚΥΠΡΟΣ: ΞΩΛΑΓΟΡΟΥ· ΦΑΛΛΟΣ· ΛΙ·ΥΚΝ
ΣΩΚΡΑΤΗΣ ΠΟΛΥΚΡΑΤΟΥΣ ΑΠΟΛΛΟΦΑΝΗΣ· ΕΥΠΟΡΙΩΝΟΣ: ΣΩΣΙΣΤΡΑΤΟΣ
ΜΑΝΗΣ ΜΥΡΡΙΝΗΣ ΩΣΤΑΣ: ΣΩΣΙΓΕΝΗΣ : ΜΙΔΑΣ

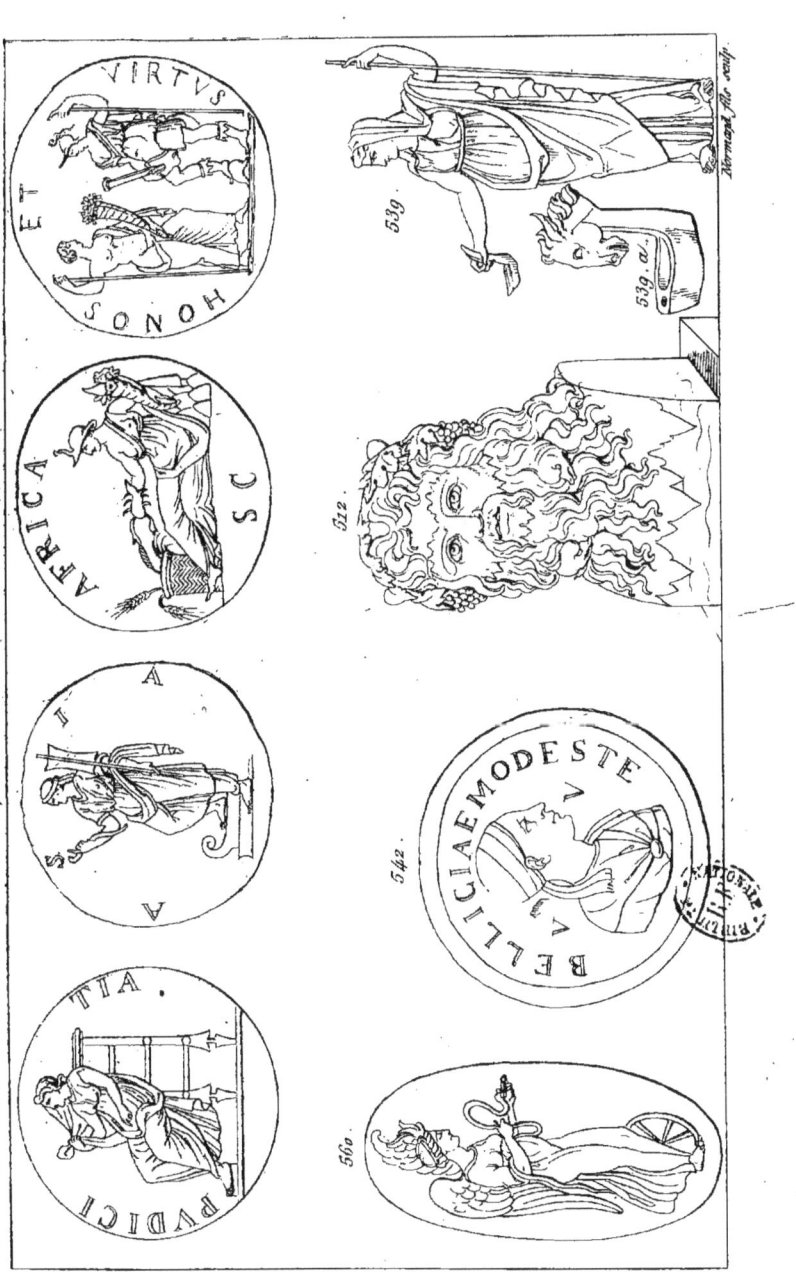

CXL.

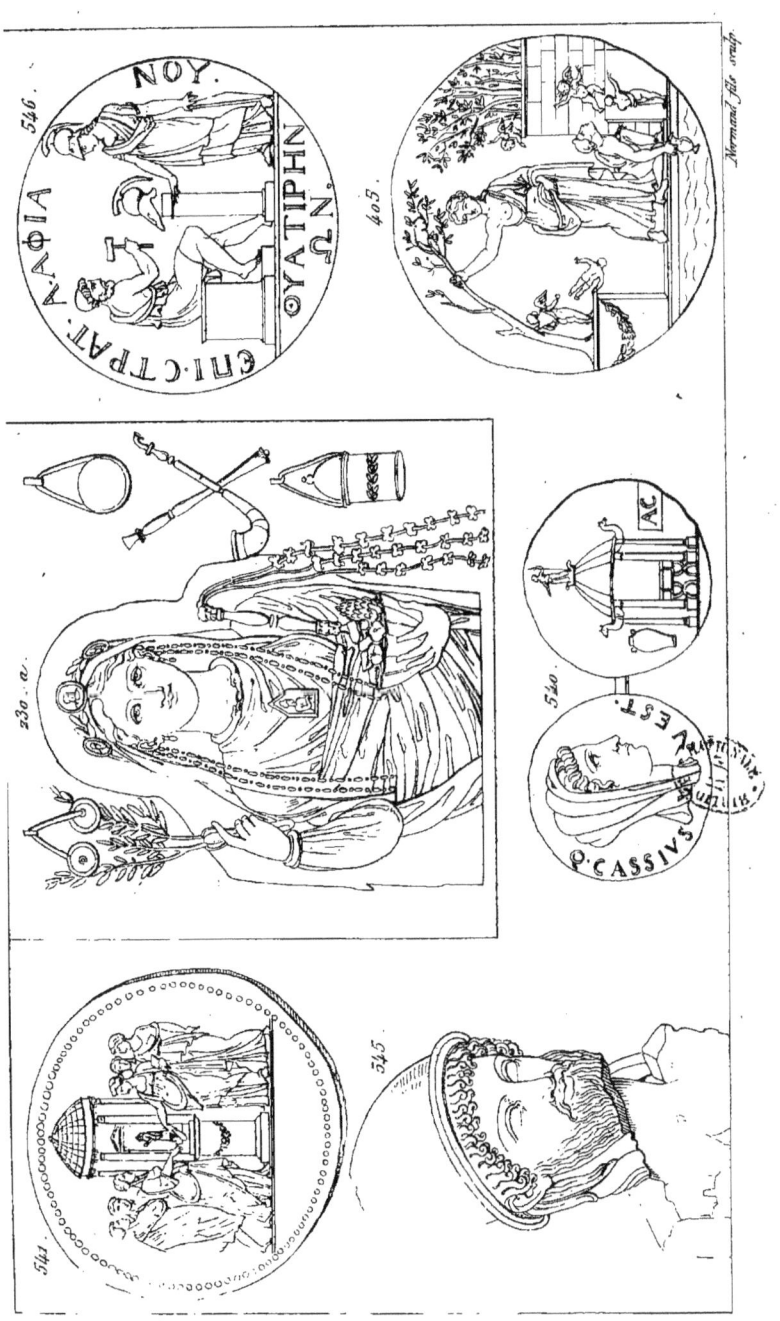

CXLII

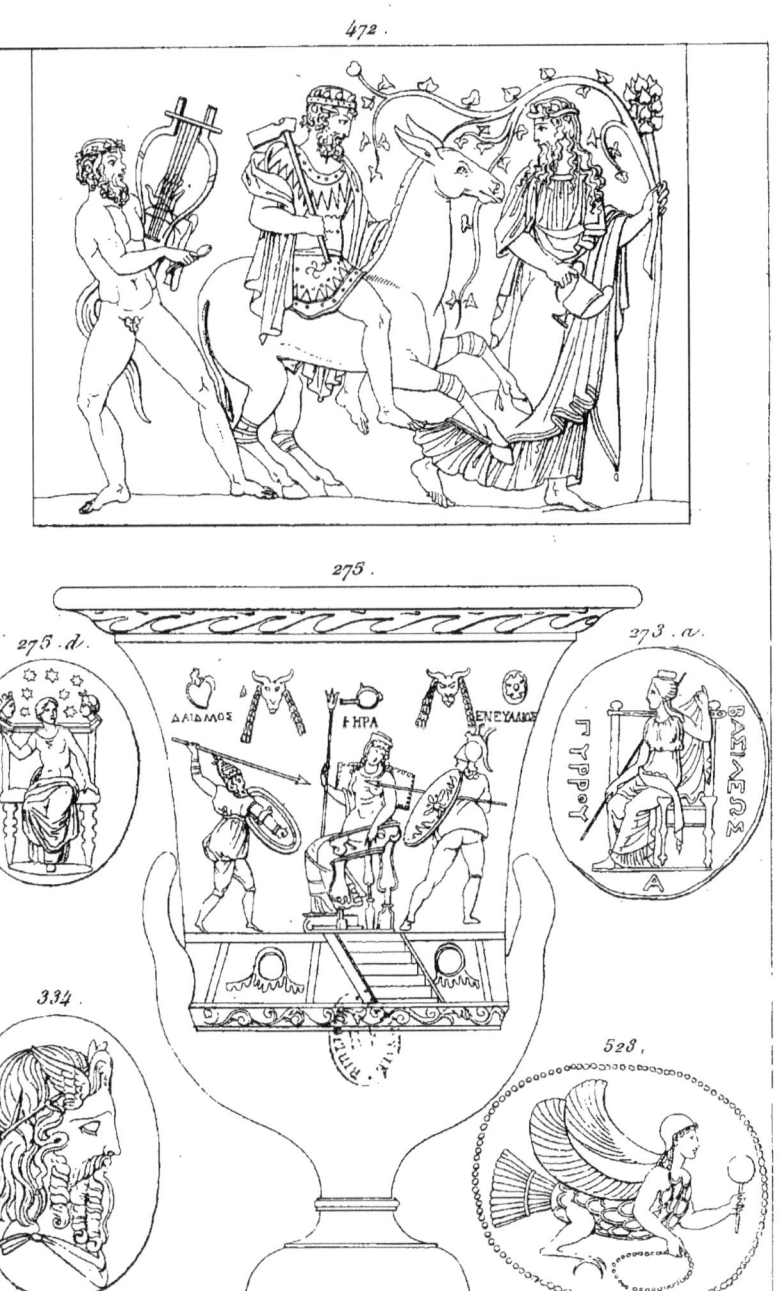

CXLIII.

471.
ΗΦΑΙΣΙΟΣ ΔΙΟΝΥΣΟΣ ΚΩΜΩΔΙΑ ΜΑΡΣΥΑΣ

340.

559. c.

559. a.

CXLIV bis

CXLIV ter.

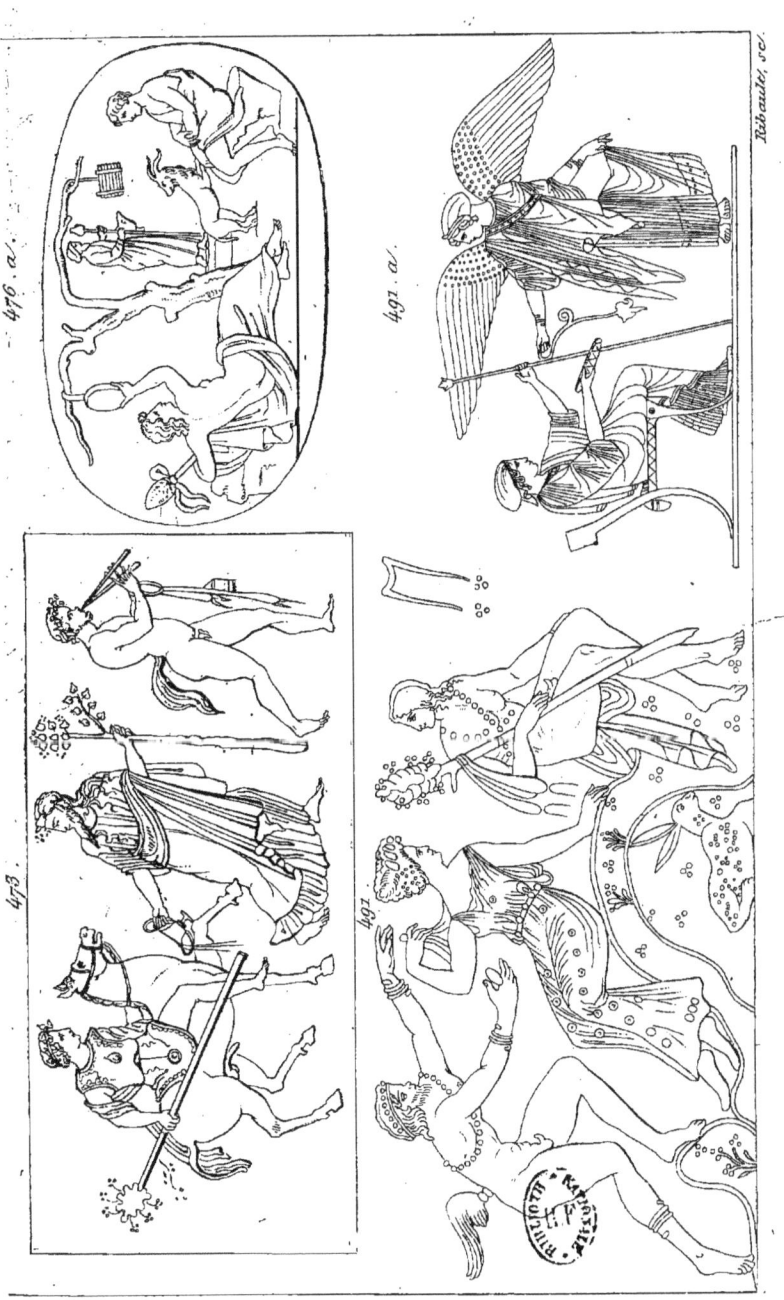

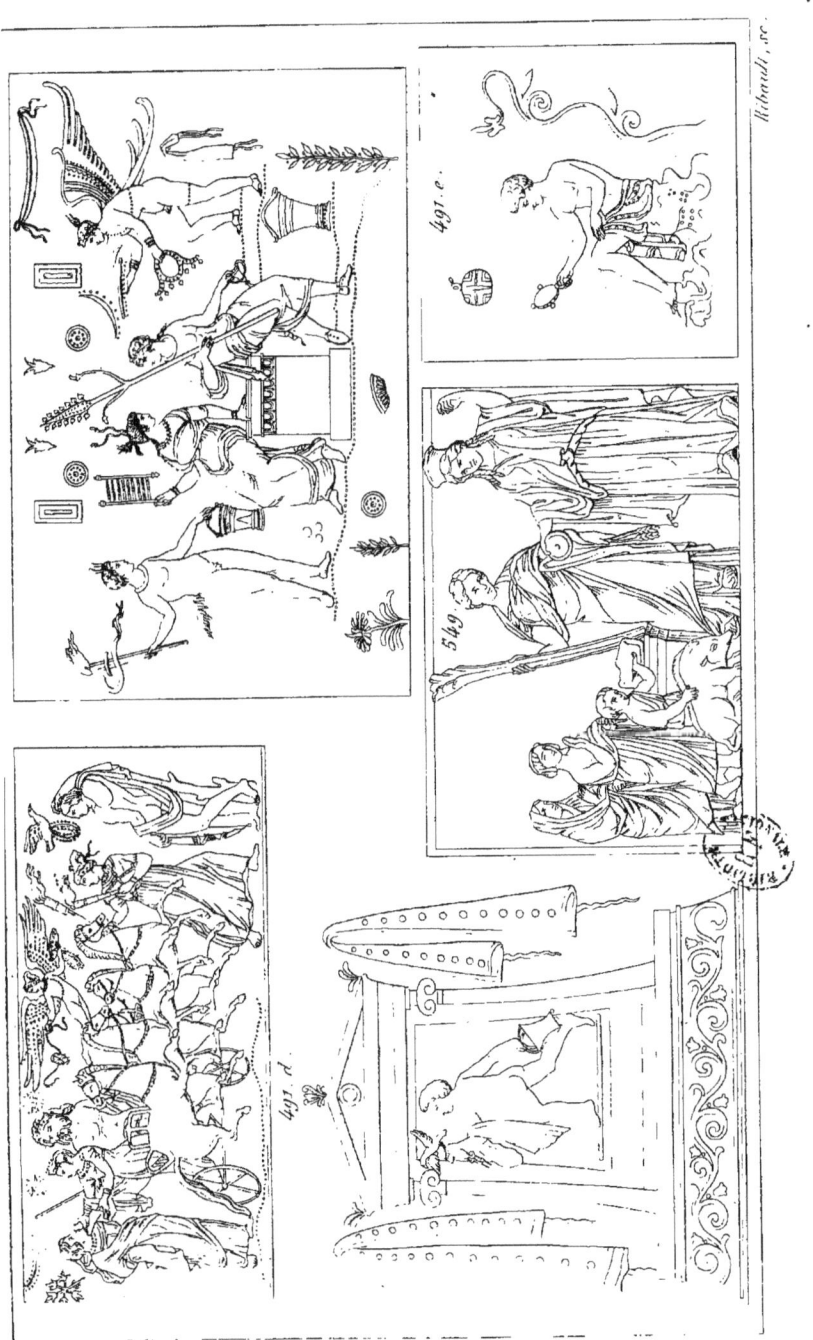

CXLV bis

CXLVI.

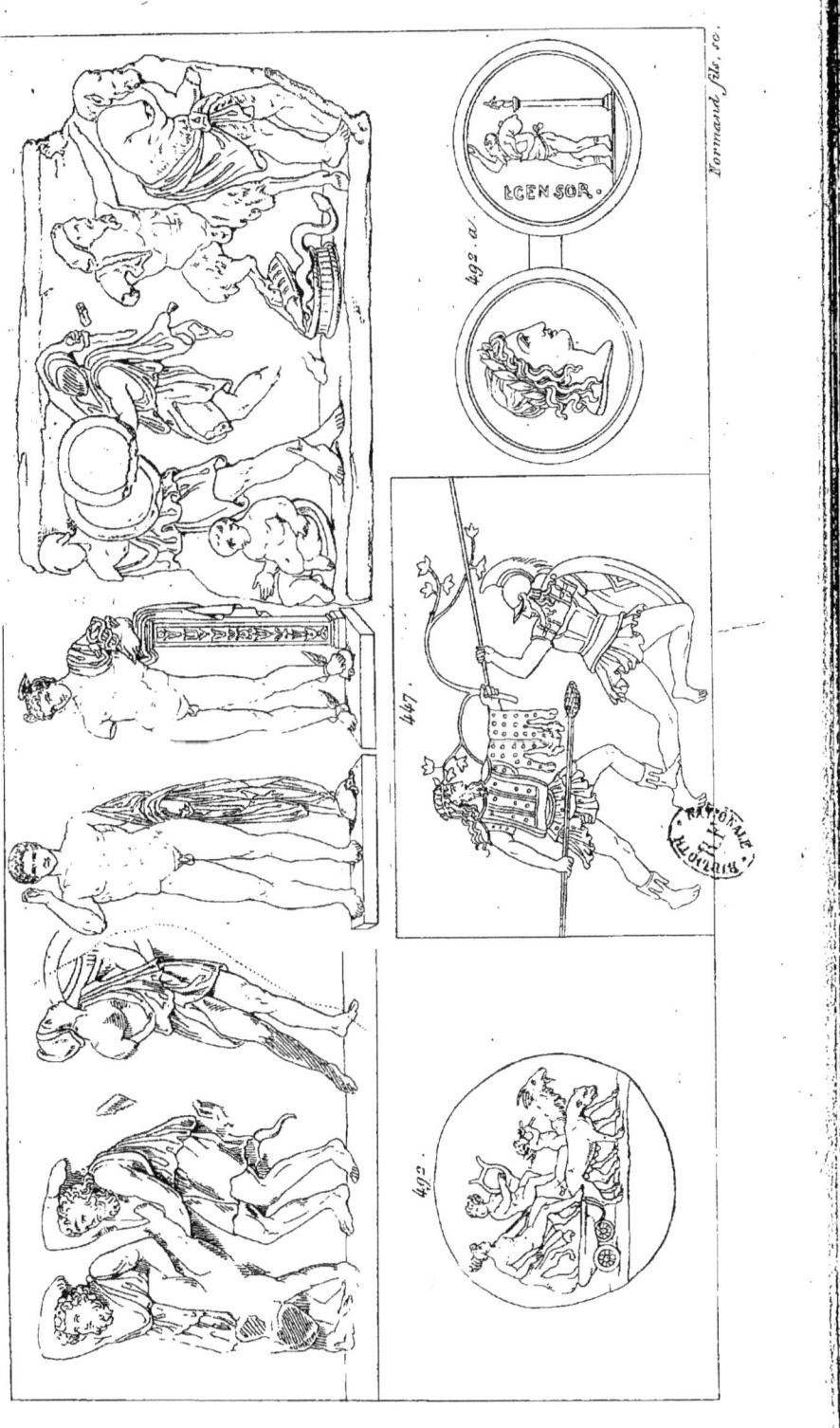

CXLVIII.

CXLIX.

476

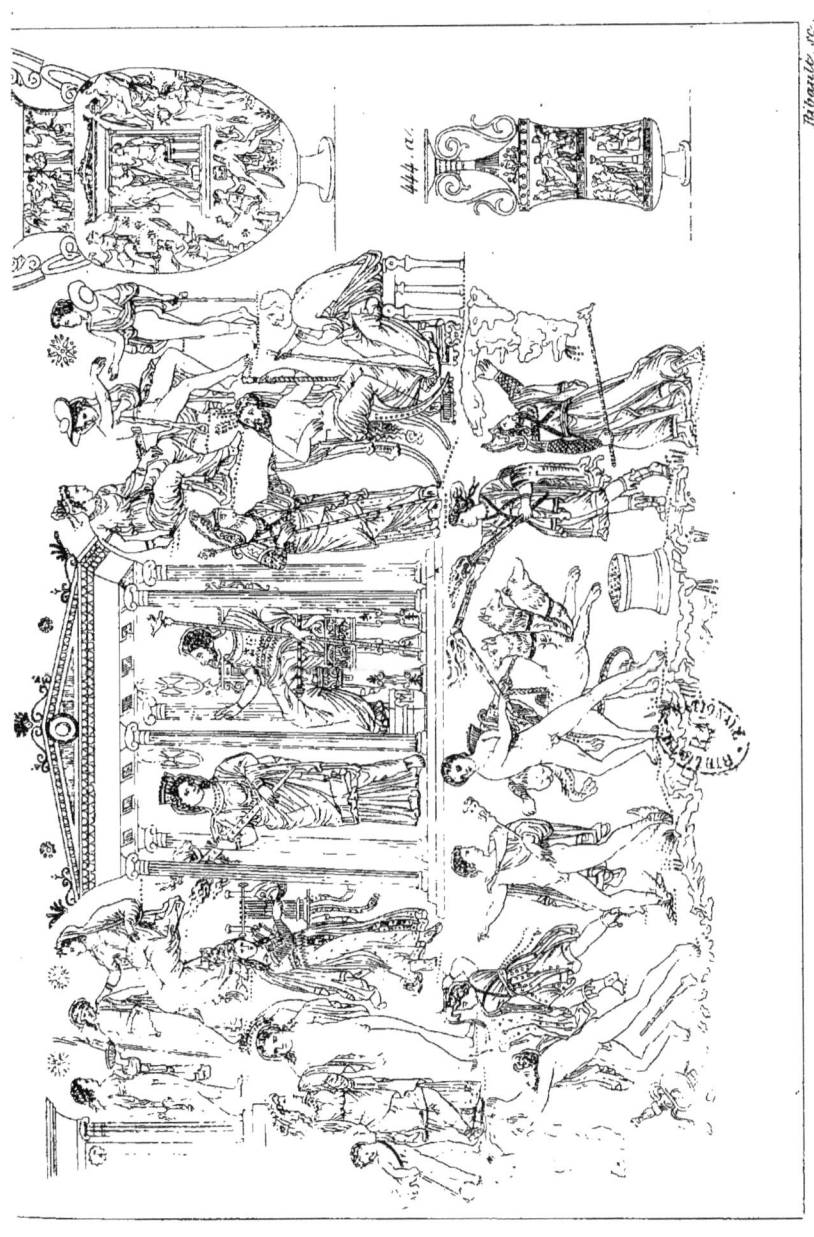

CXLIX bis

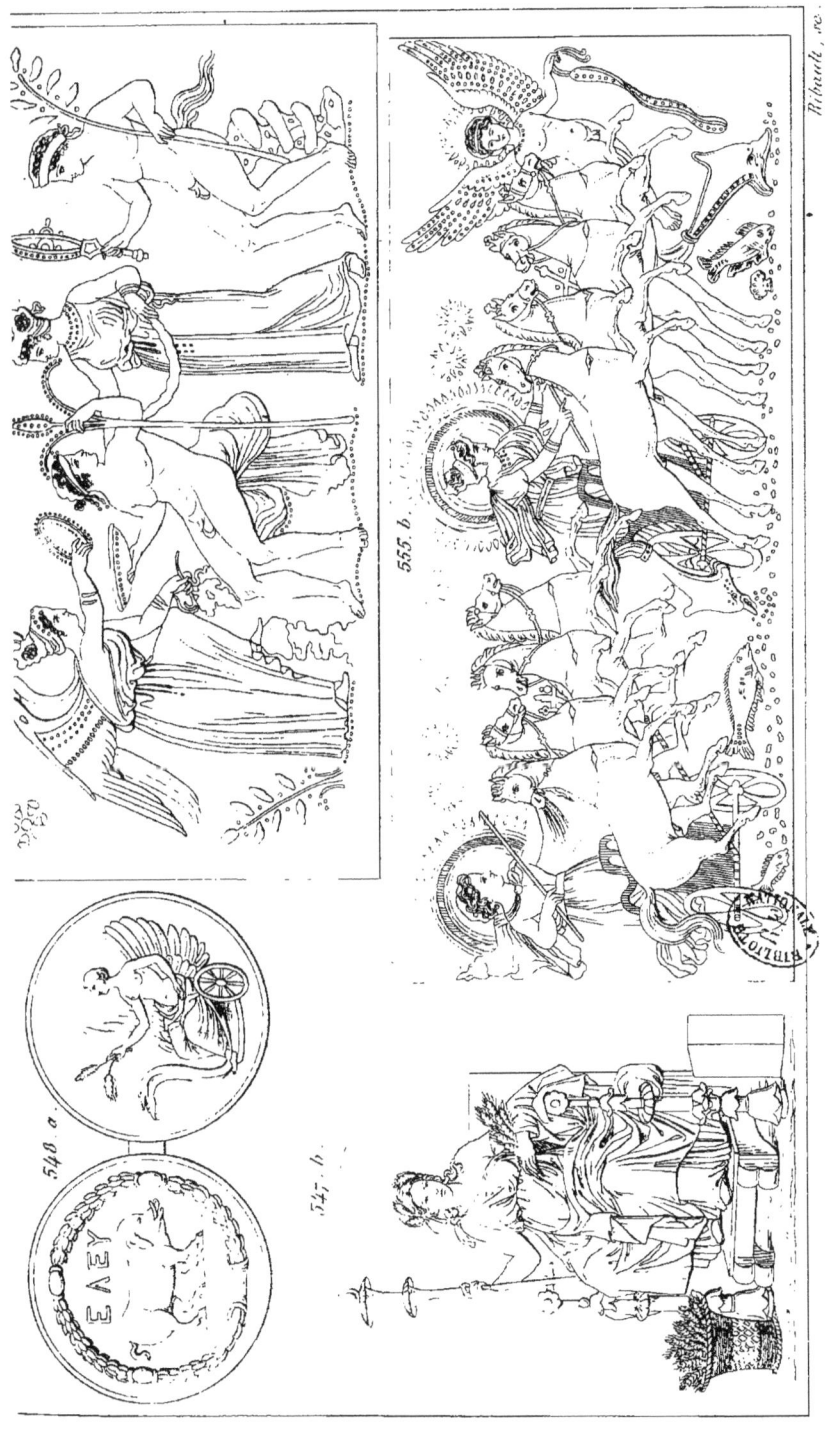

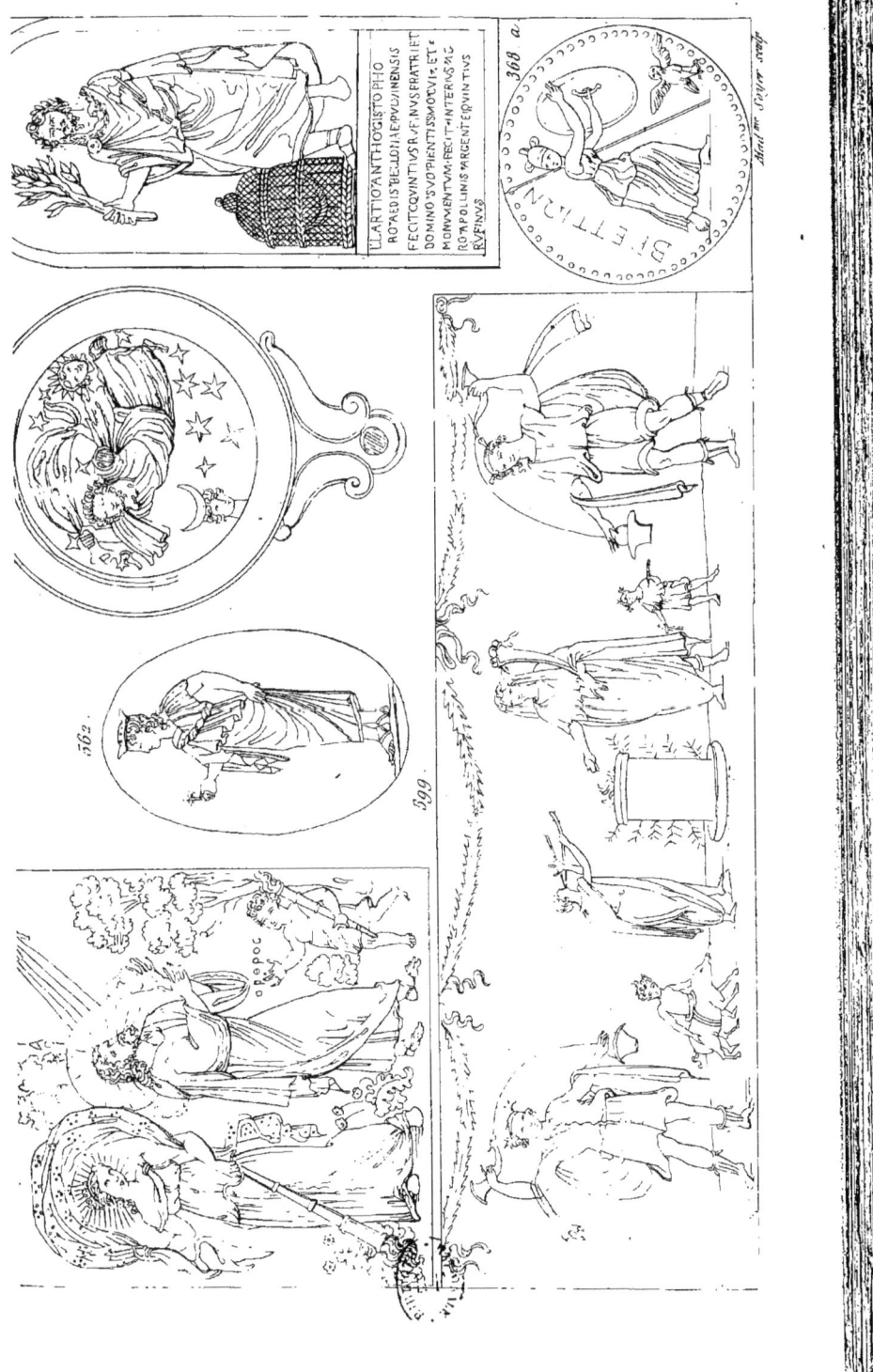

ROMA
B
AE
S C
S P Q R
NCIPI
ARAB ADQ
574
599 d
563
599 c
564 a
ΟΟΥCΑΡ ΔΙΑΝΩΝ Β ΝΕΩΚΟΡΩΝ
564
A. Ribault, sc.

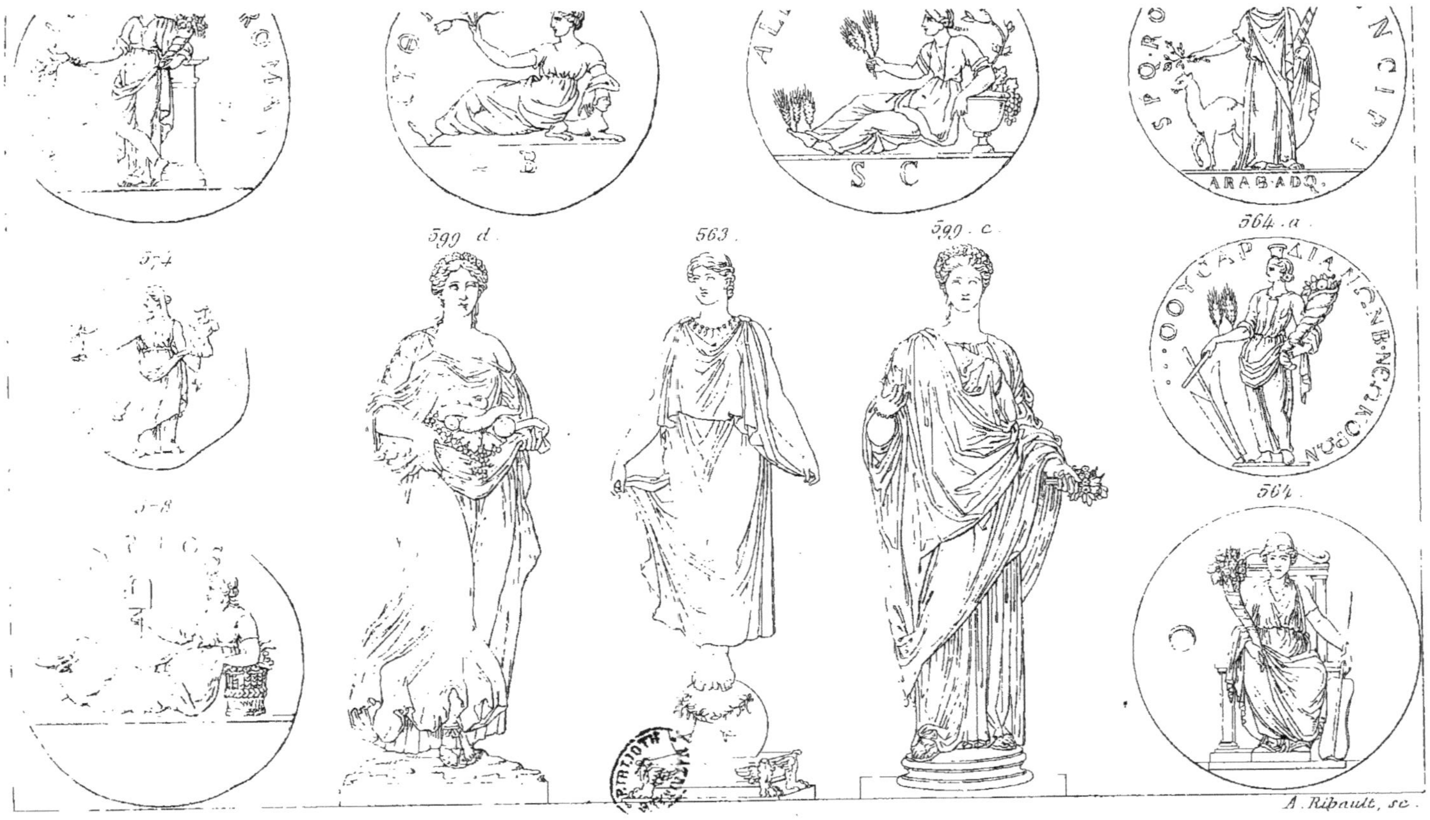

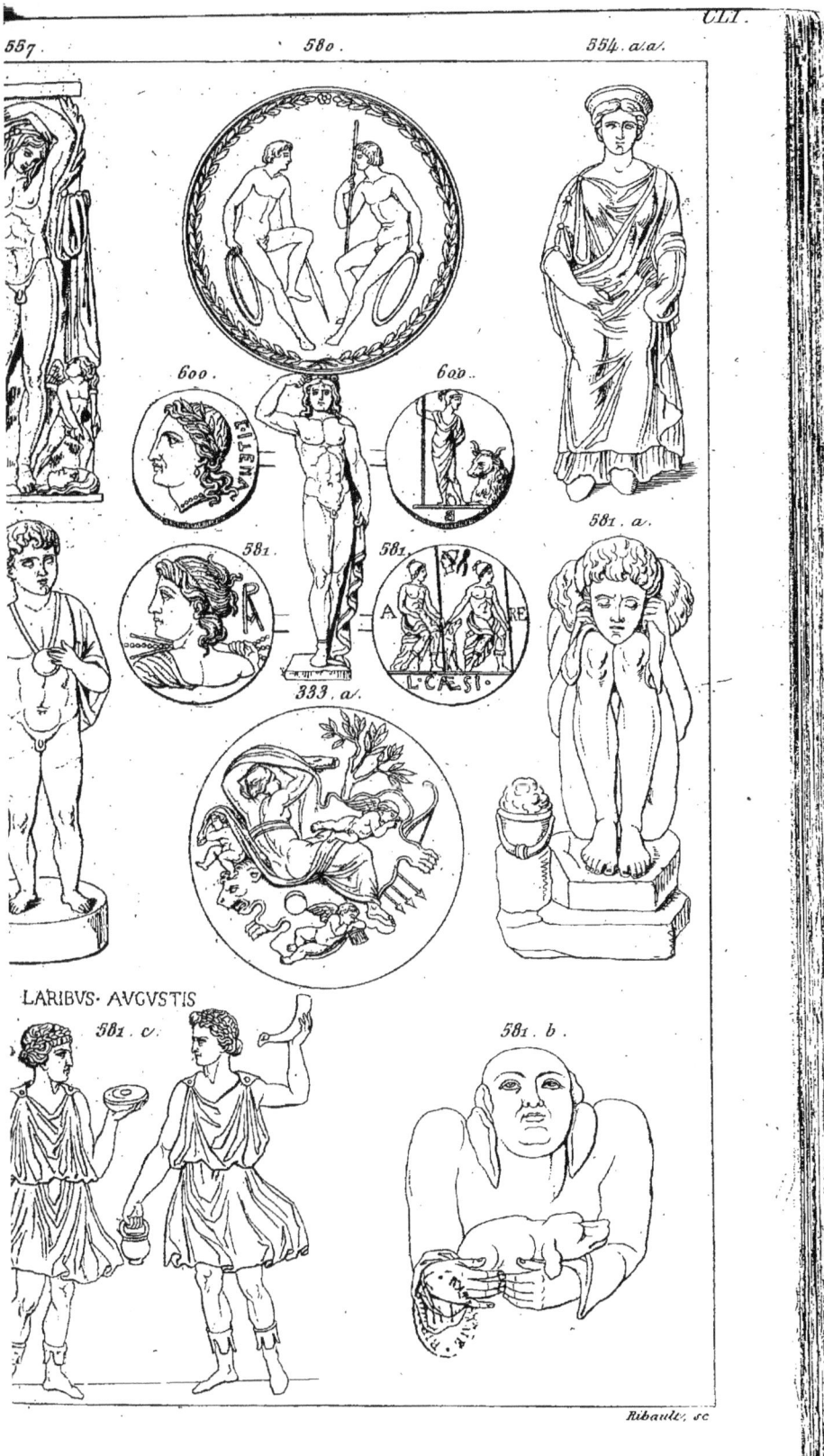

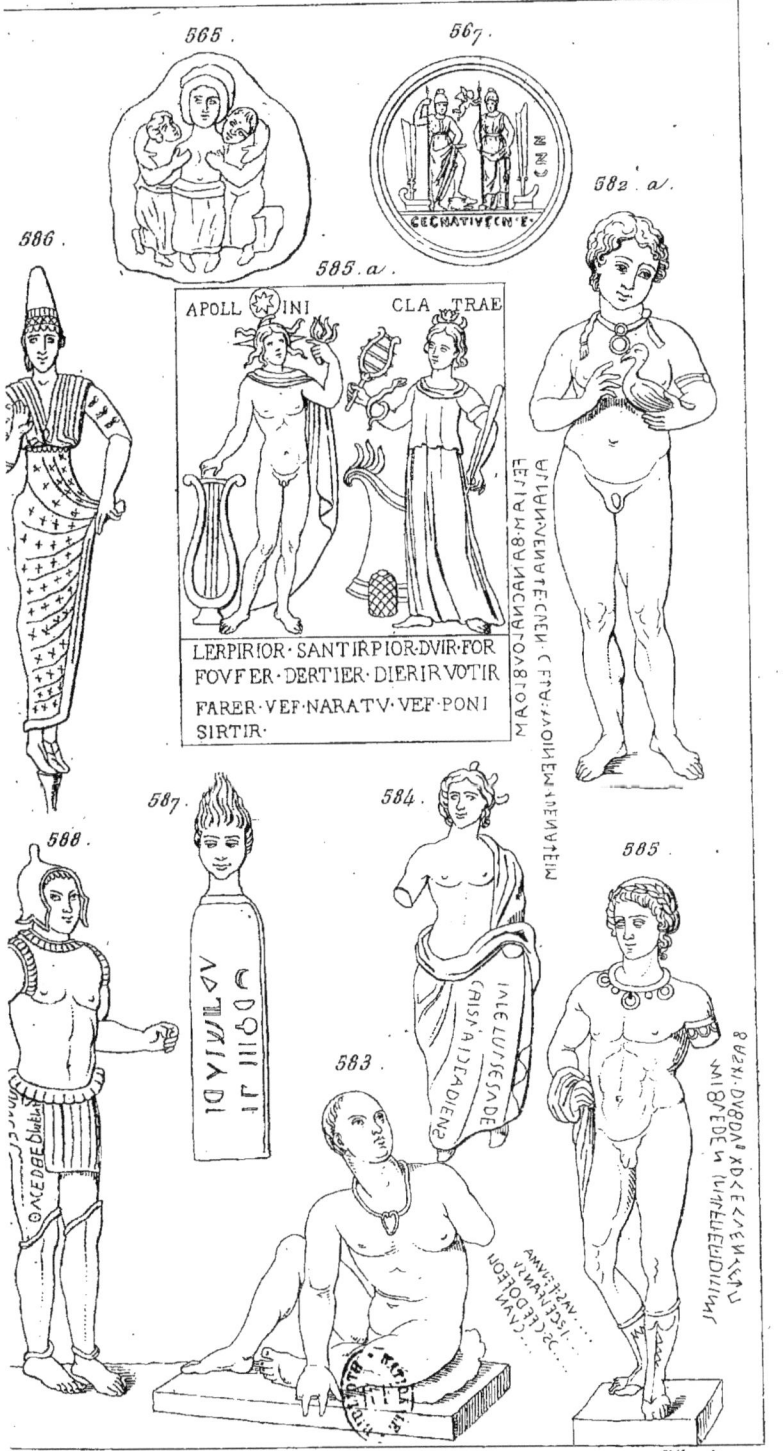

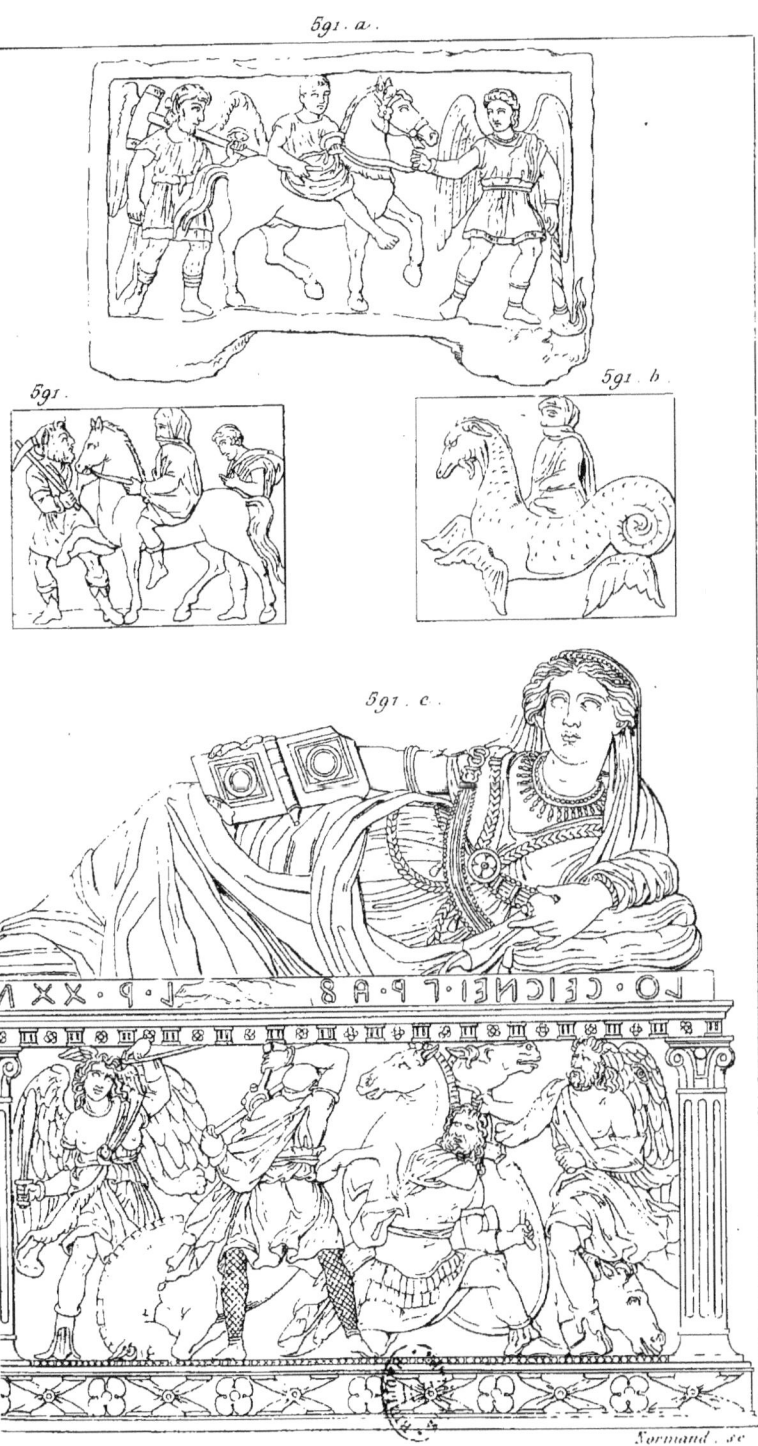

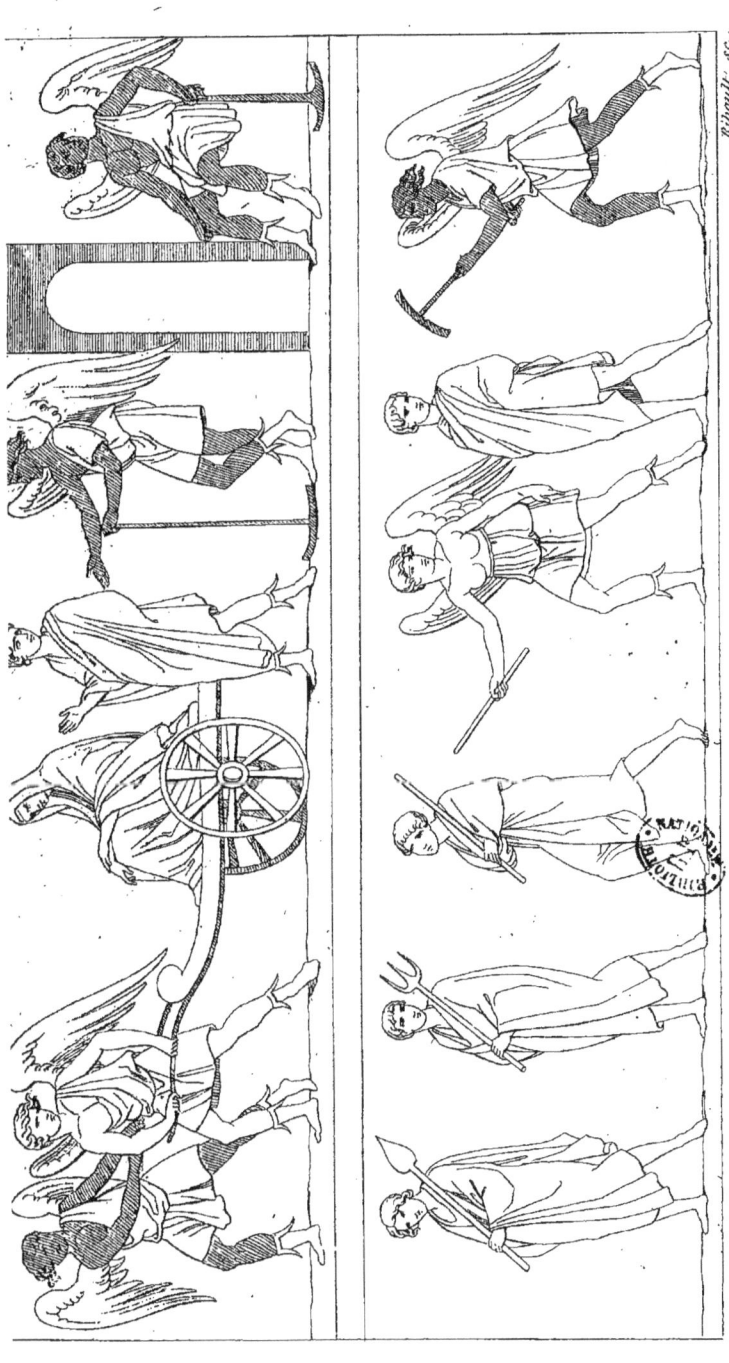

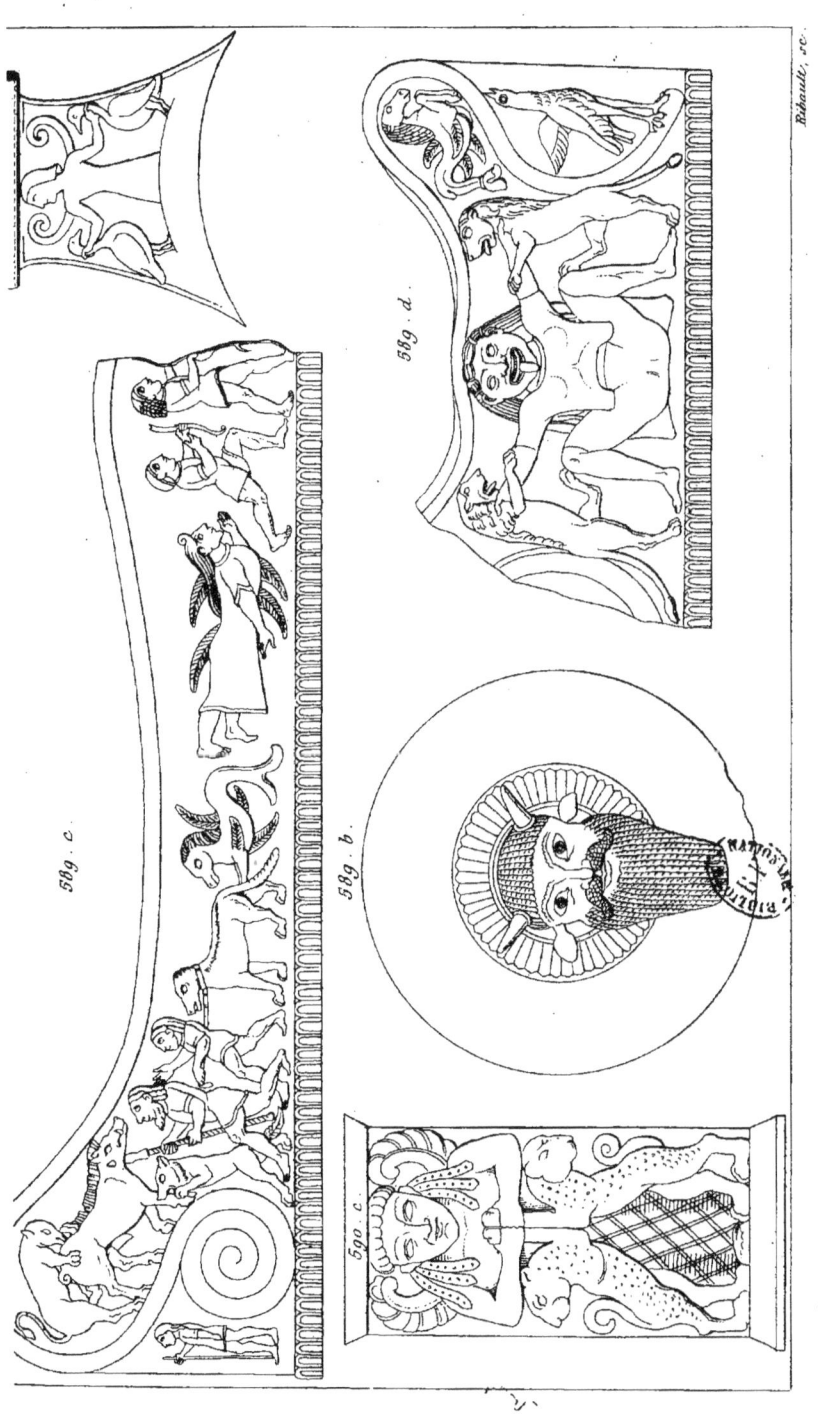

CLVII

602

LACHESIS MERCVRIVS TAVRVS
ATROPOS ASINVS
ANIMA MVLIER PROMETHES
SERYS SERYS

617

619 a 619 b

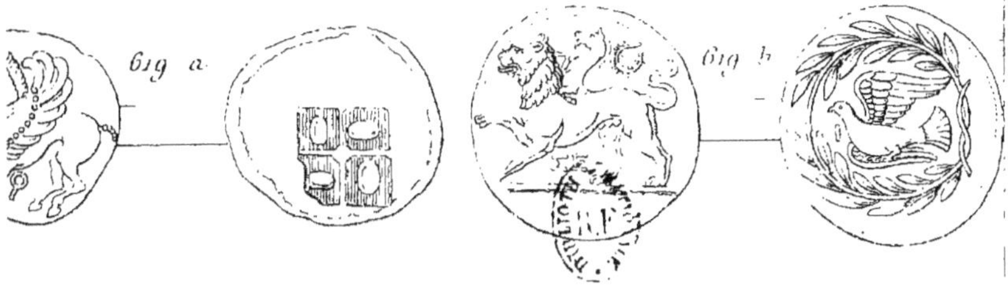

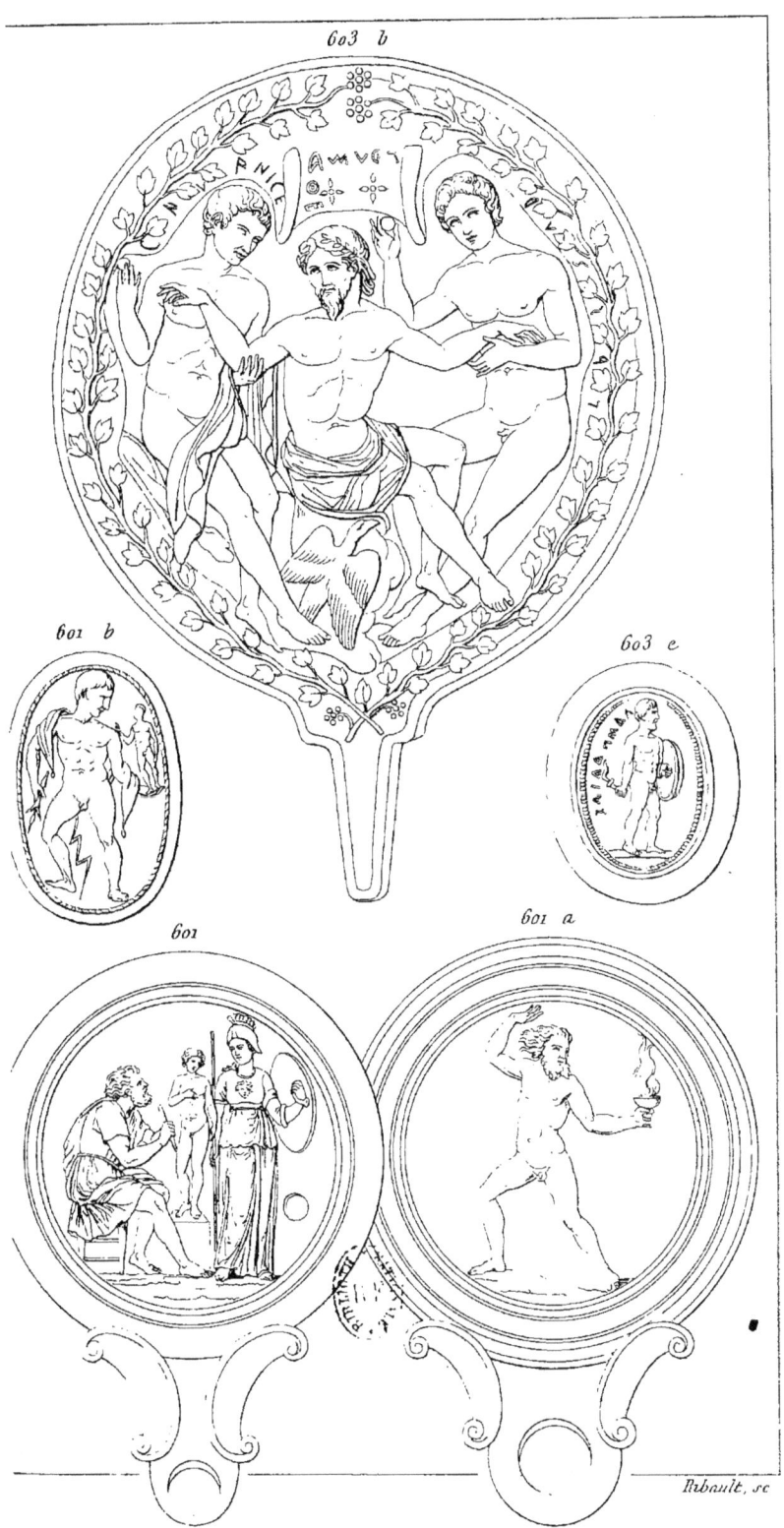

CLVIII.

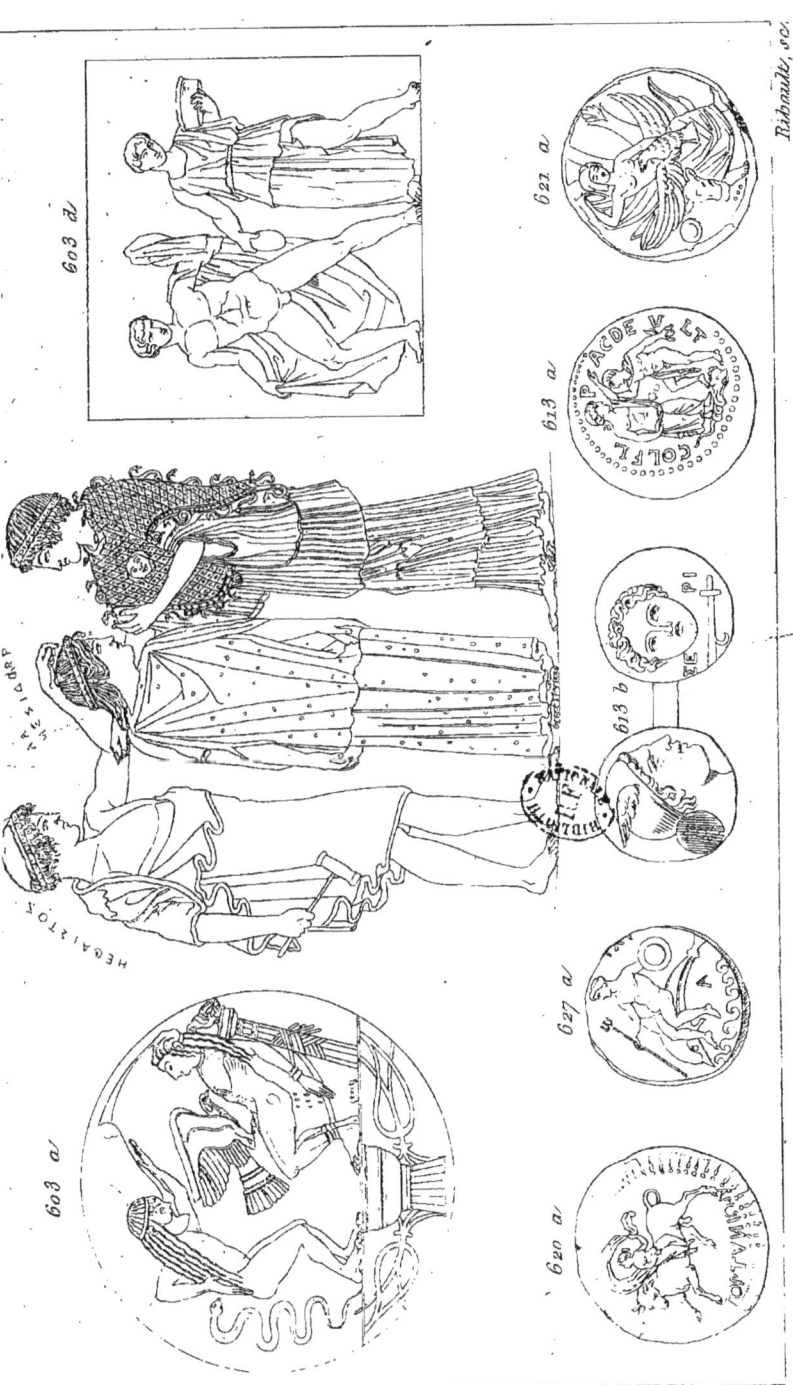

CLVIII bis

CLIX.

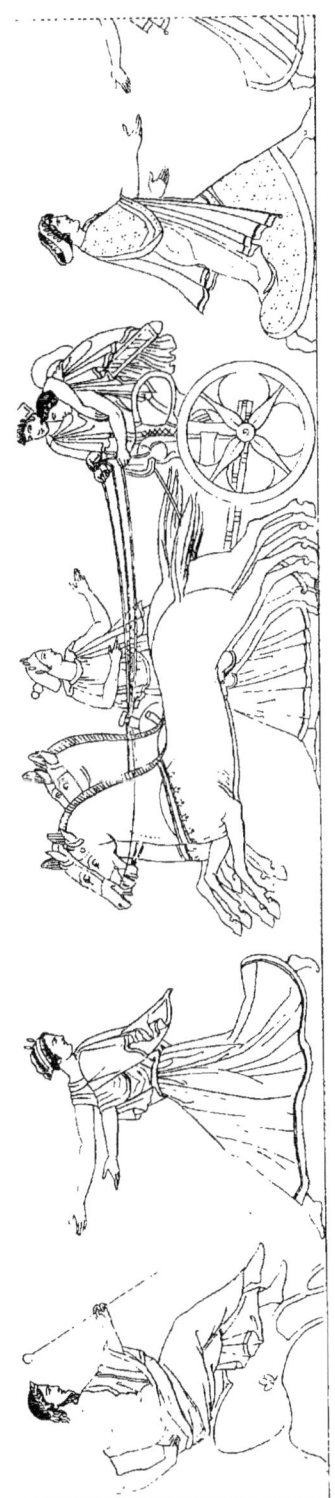

CLXI.

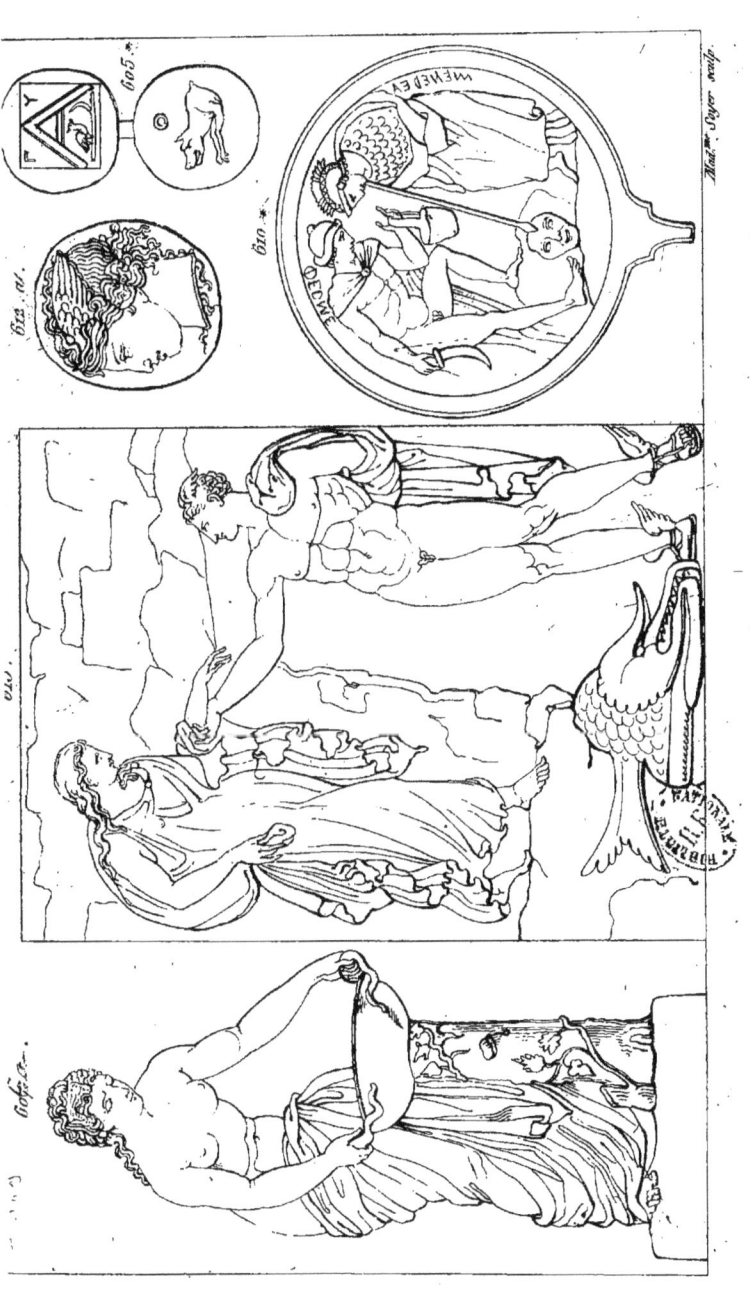

CLXII.

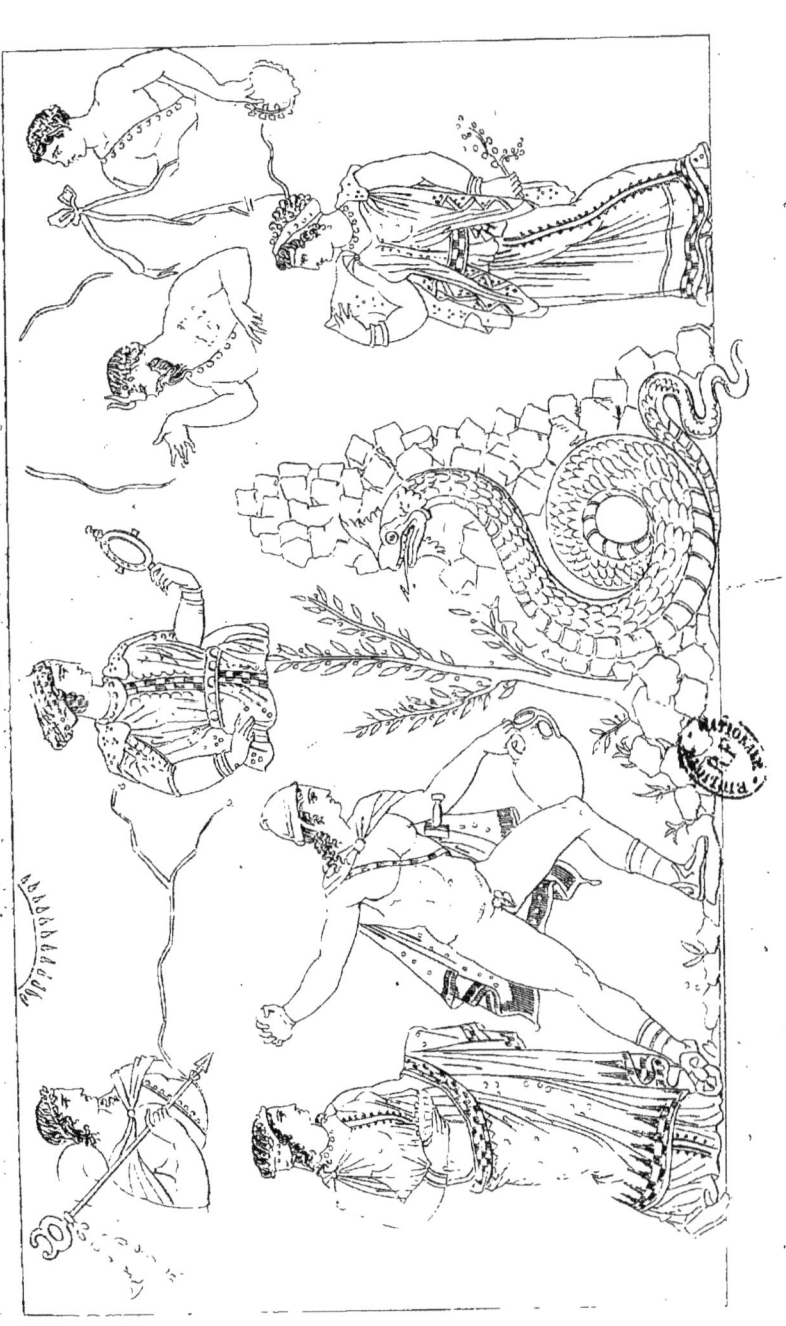

CLXIII.

CLXIV.

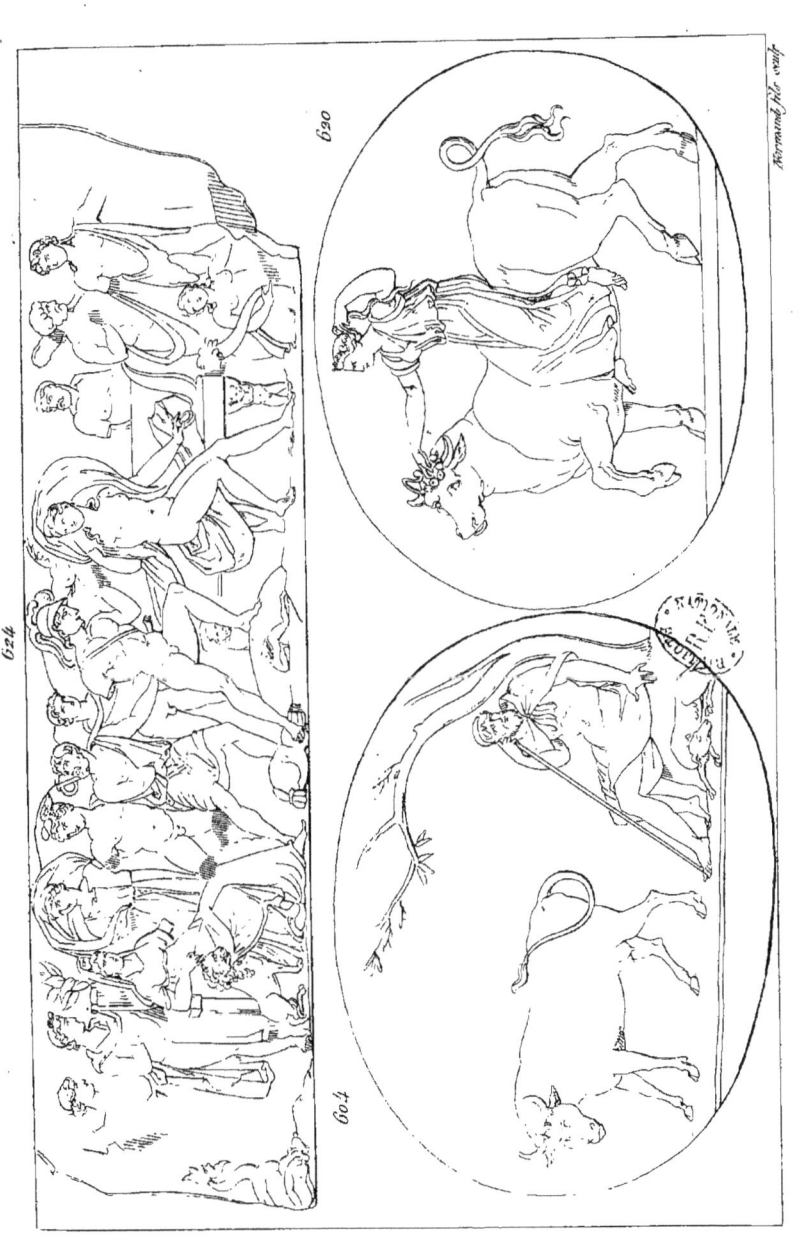

CLXIV bis.

Ribault, sc.

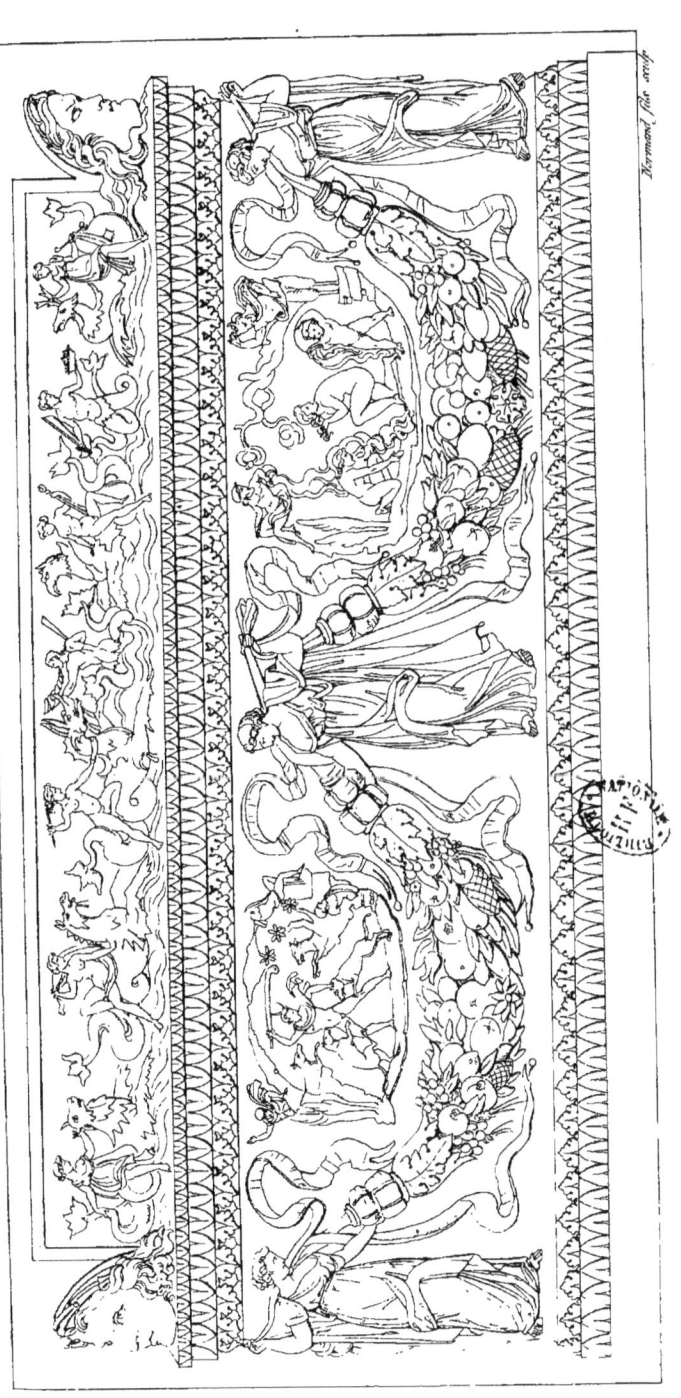

CLXV.

CLXVI.

CLXVII.

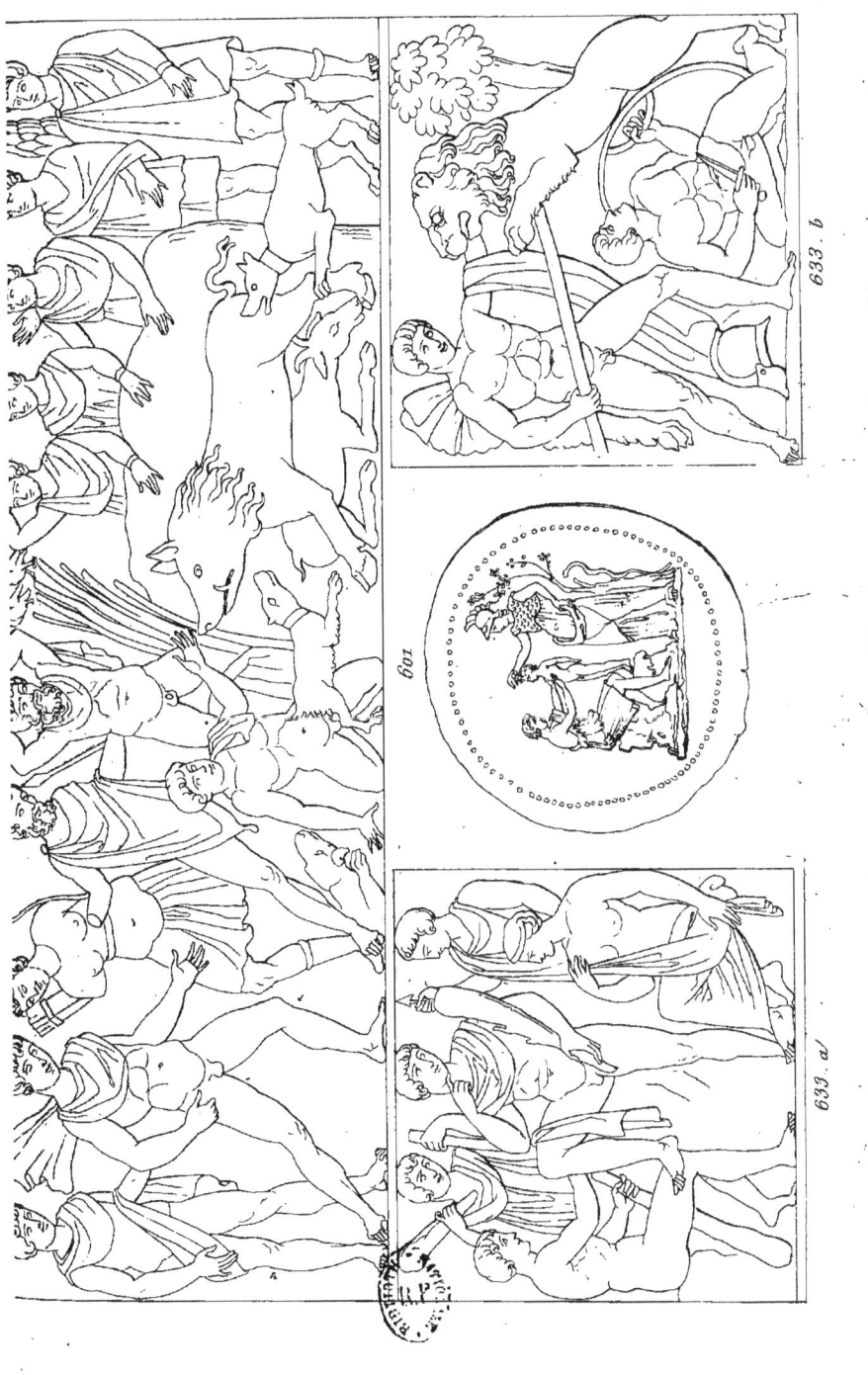

CLXVIII.

CLXX.

665 c   665 d

609   618   609 a

664   659

640   639 a

Le Bas sculp.

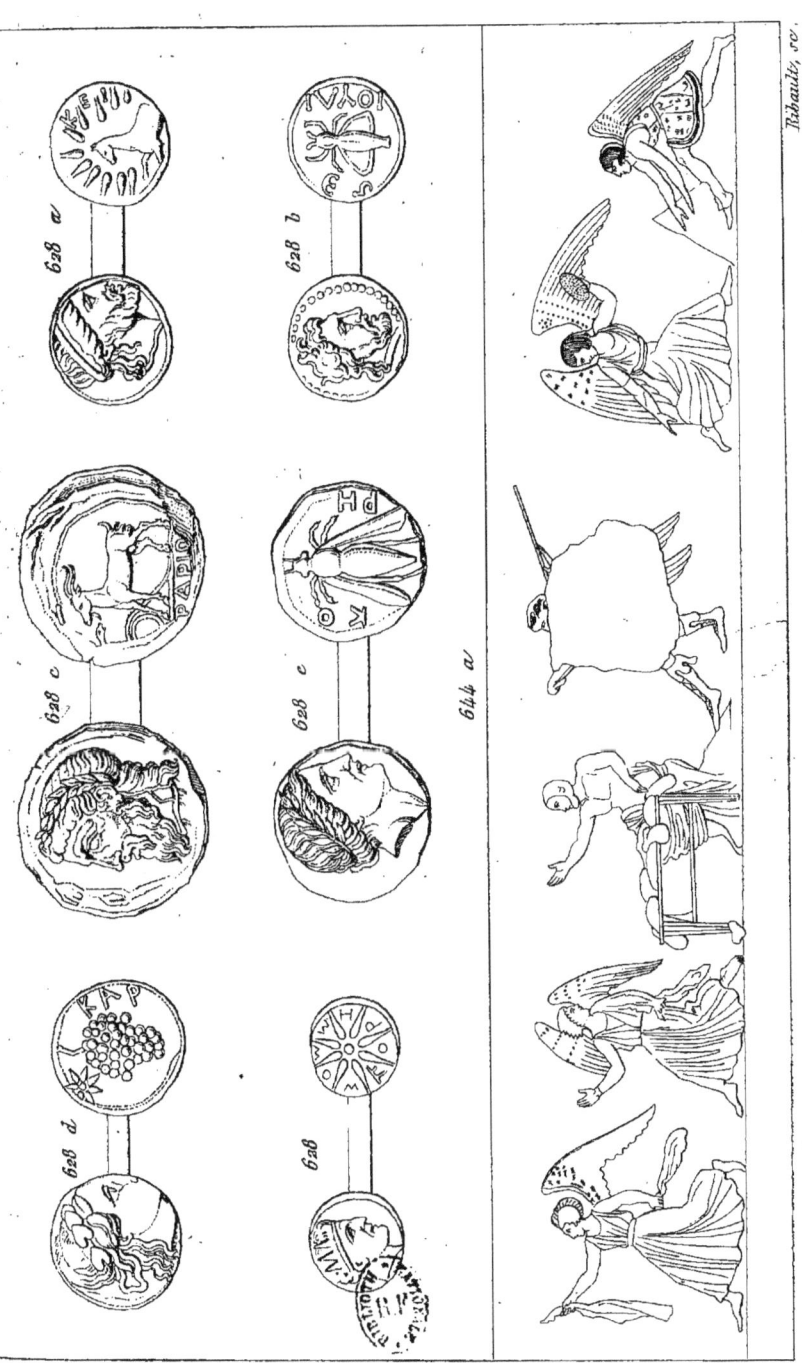

CLXXI bis

CLXXI ter

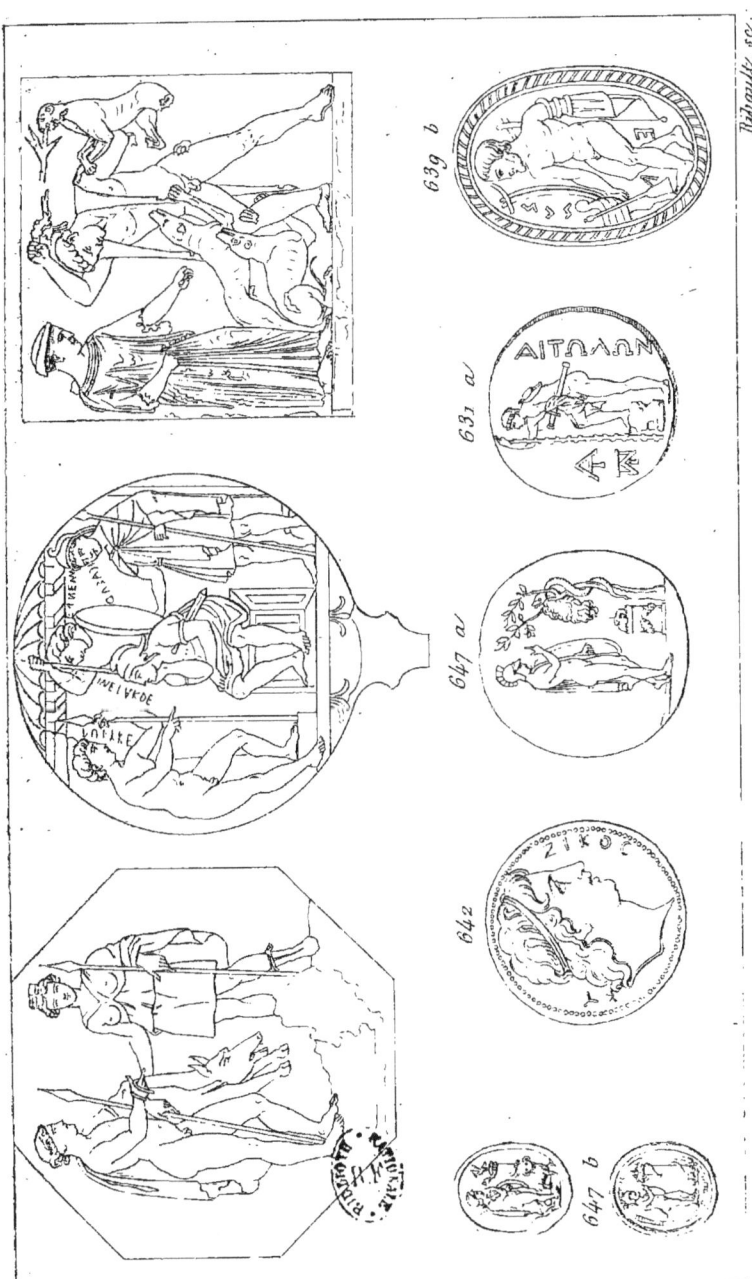

CLXXII.

CLXXII bis

CLXXIII.

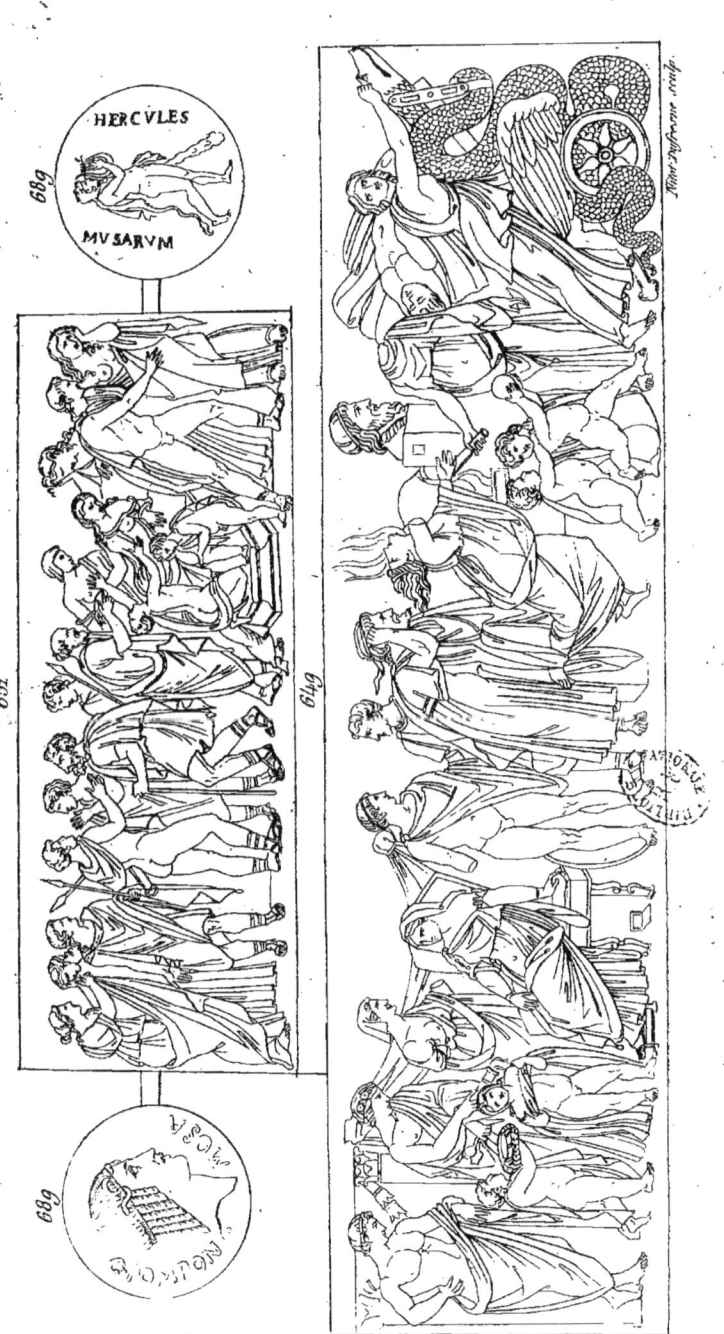

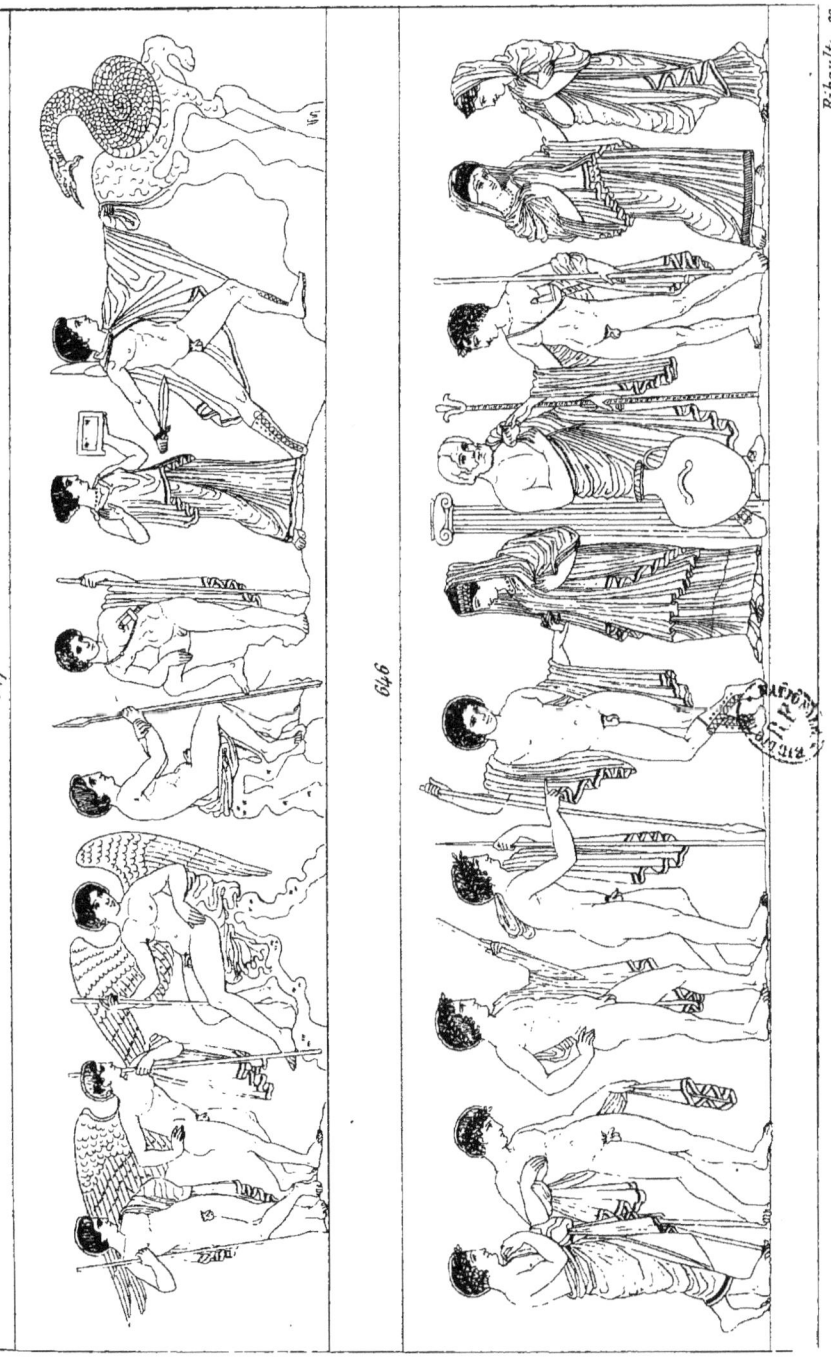

CLXXIV.

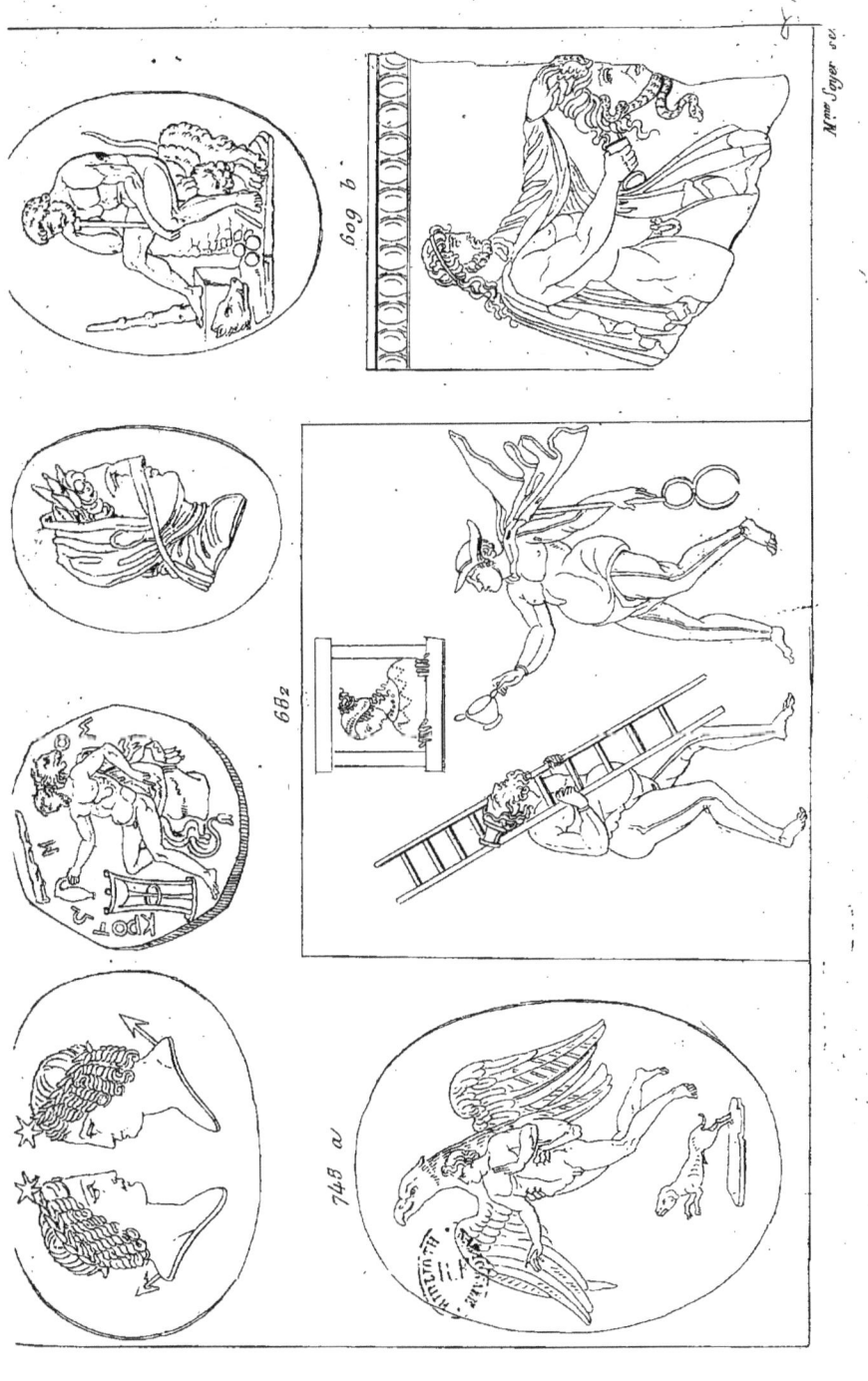

CLXXV.

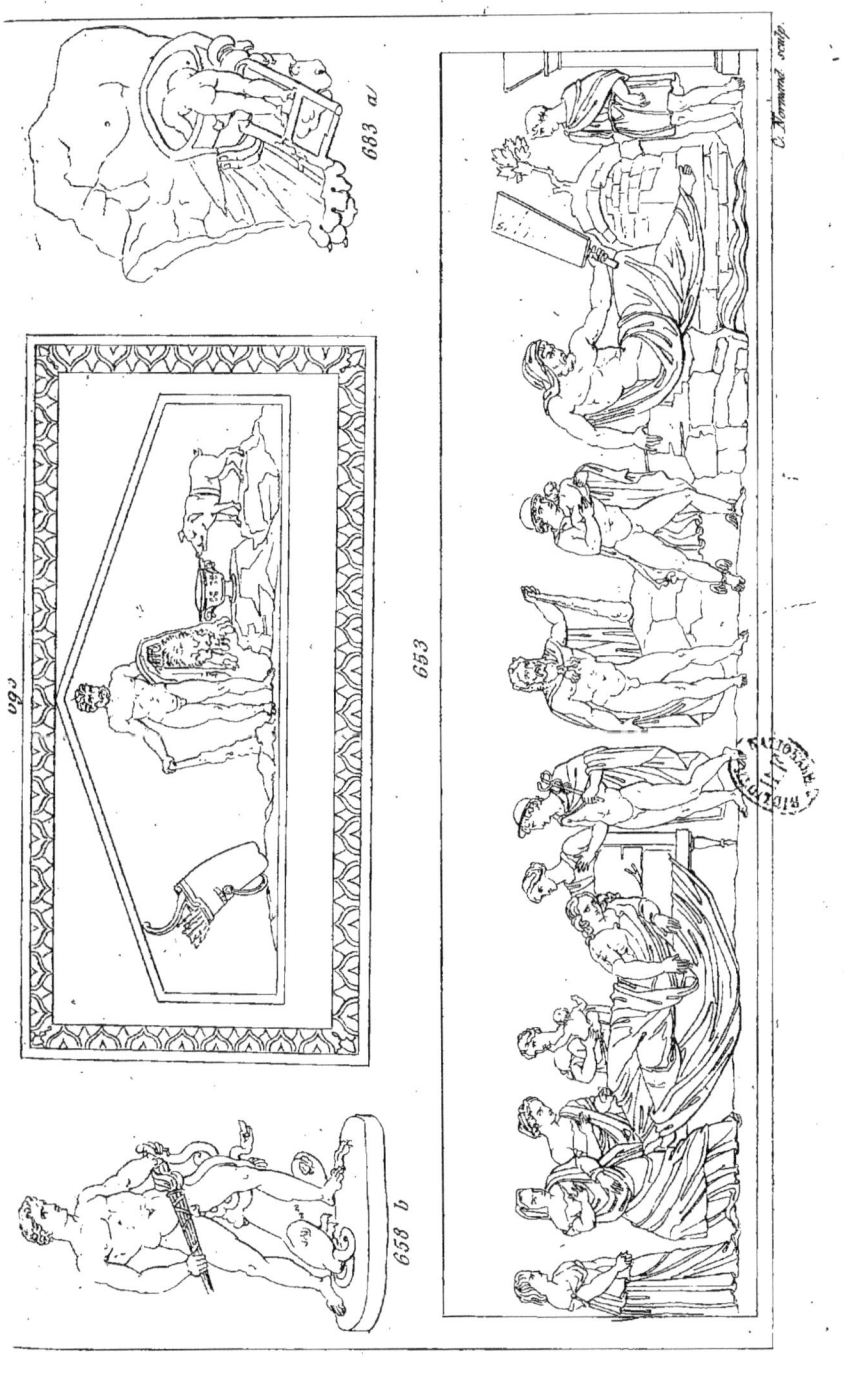

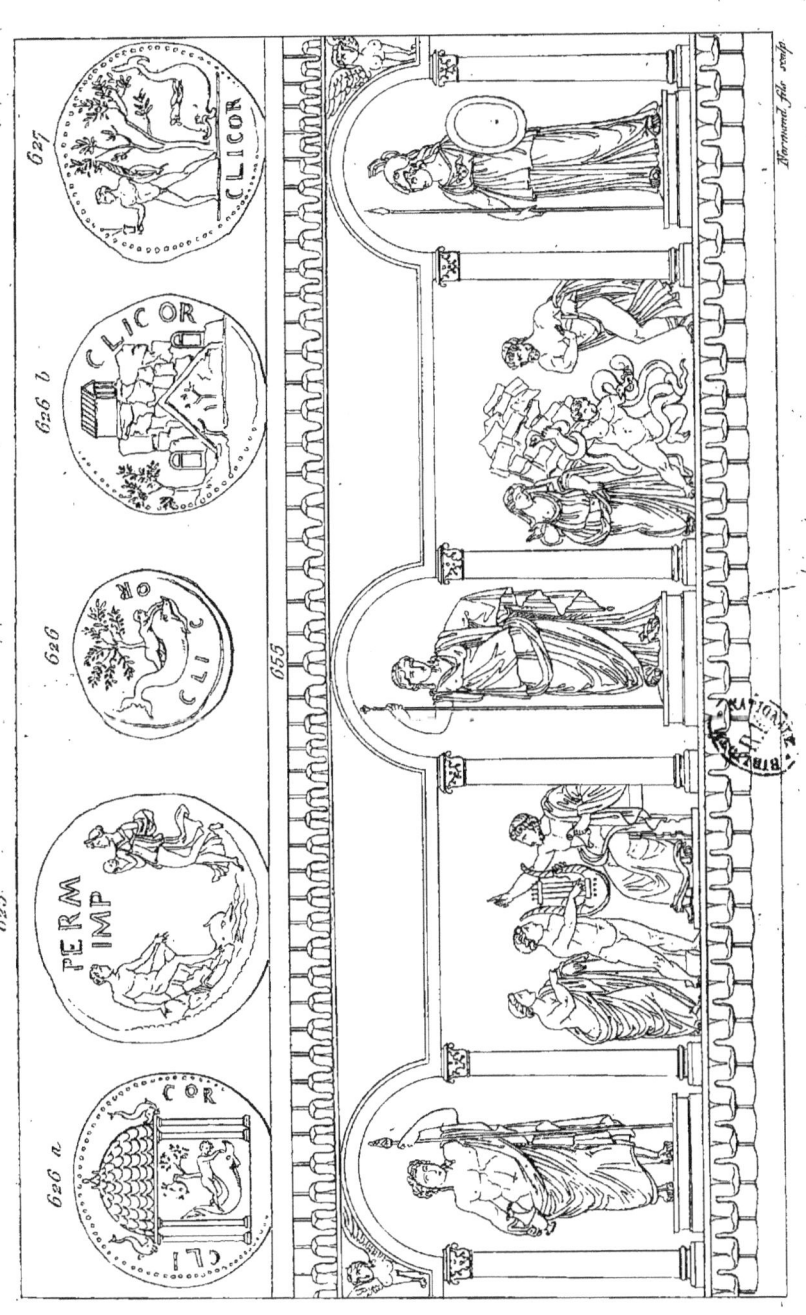

CLXXVIII.

CLXXX.

664

682

Ribault, sc.

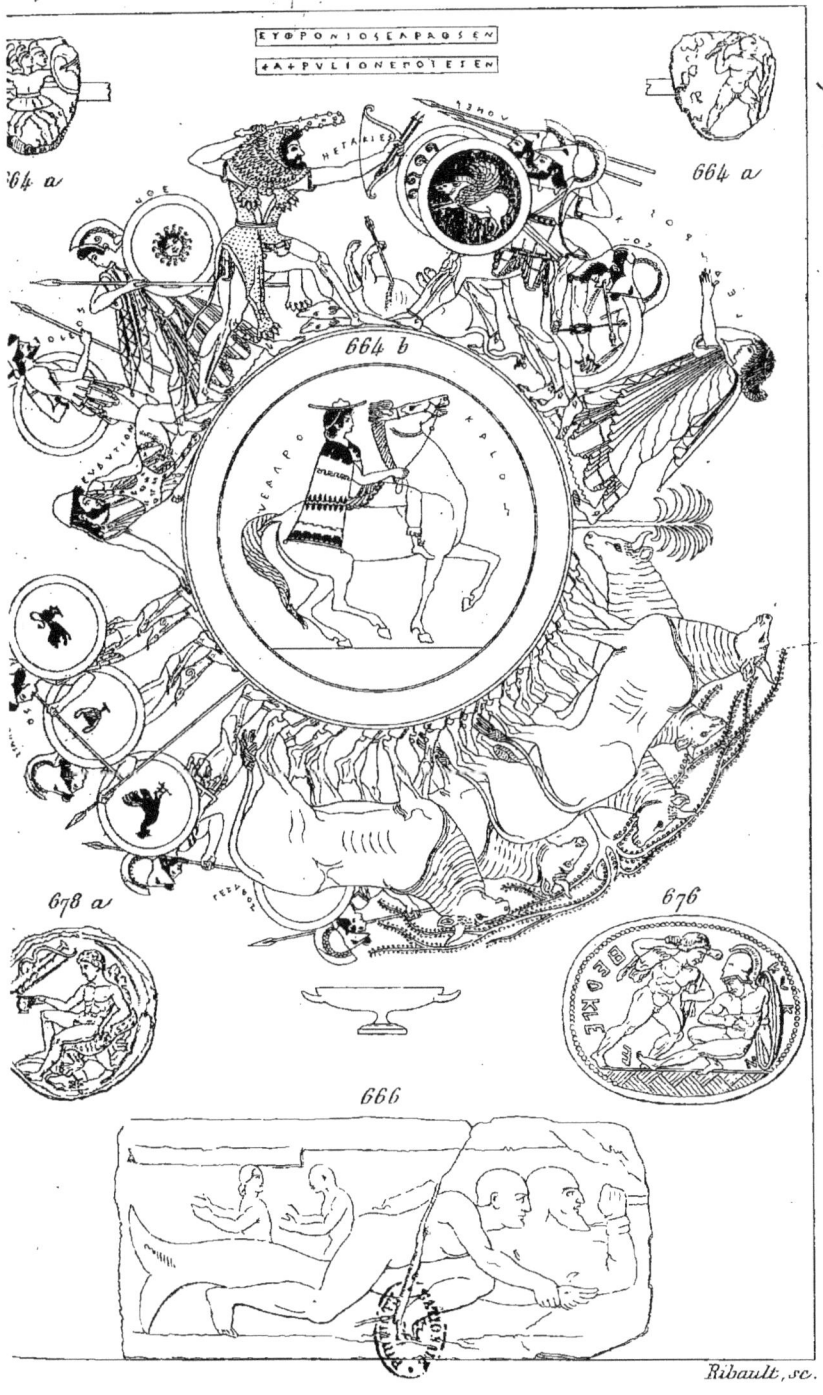

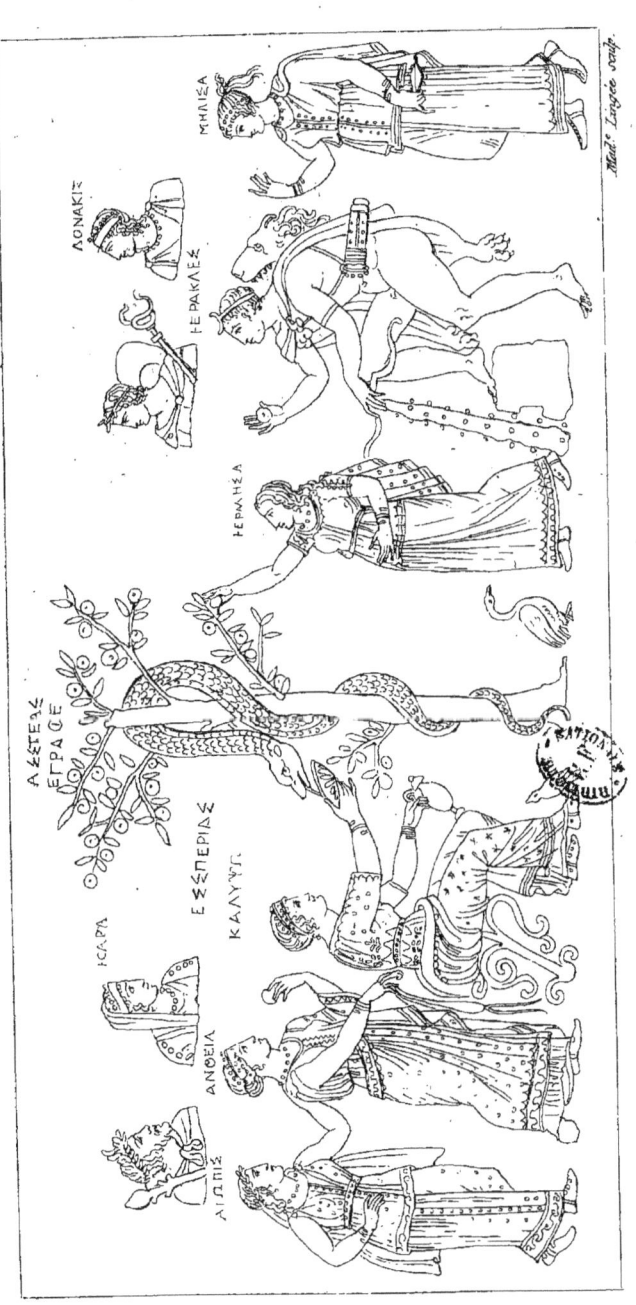

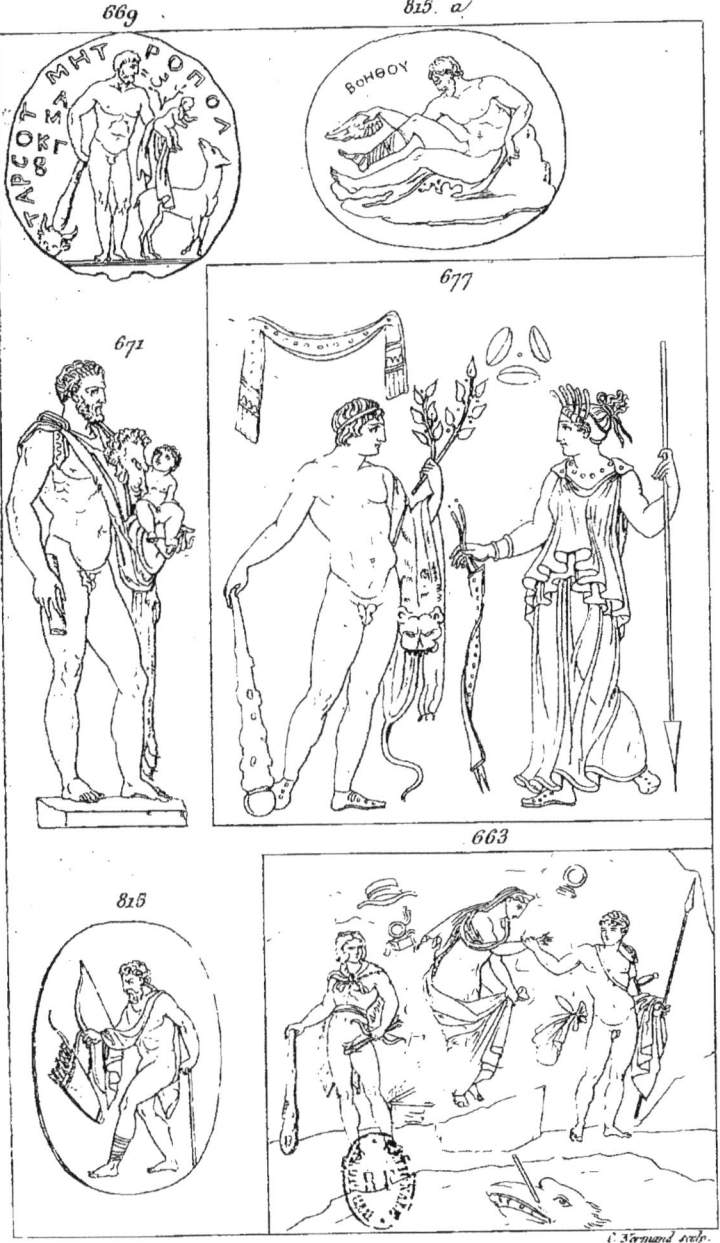

CLXXXIII.

598.

670.

648.

CLXXXIV.

660

672

OMPHALE   HERCVLES

CASSIA
MAN FILIA
PRISCILLA
FECIT

CLXXXV.

CLXXXVI.

674 c

665 e

Ribault, sc.

CLXXXVII.

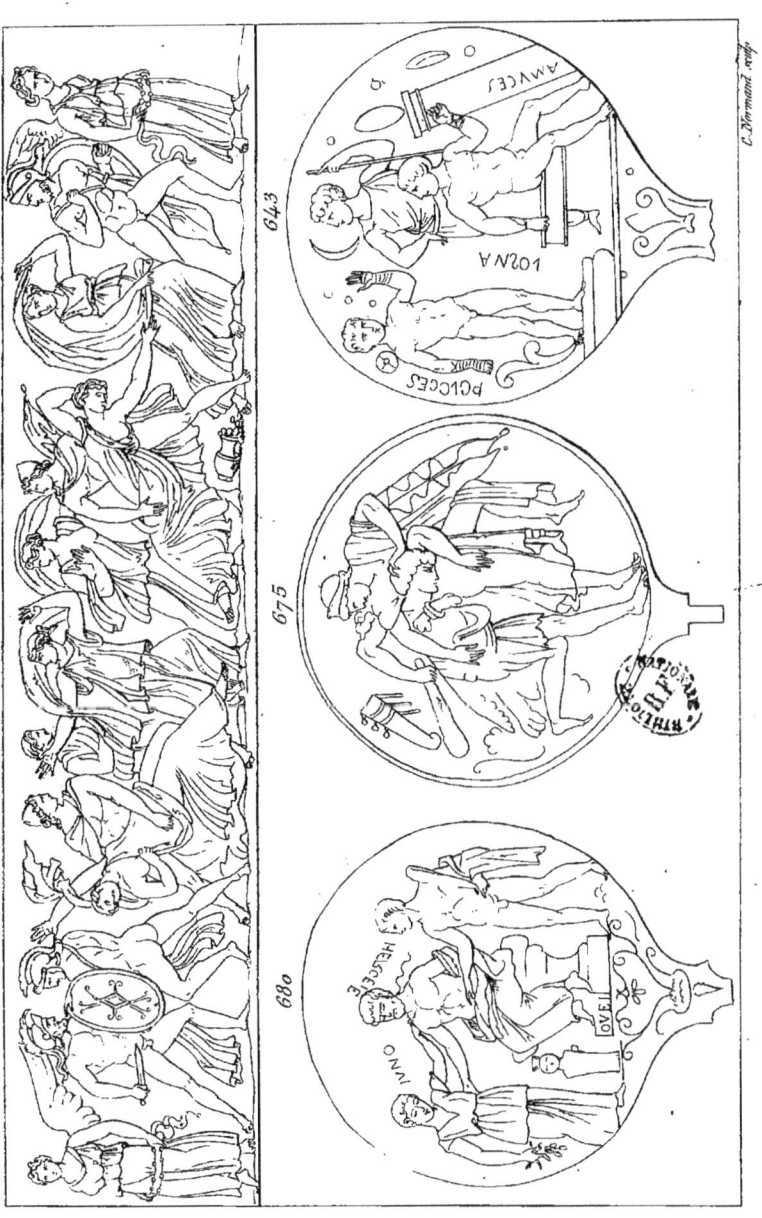

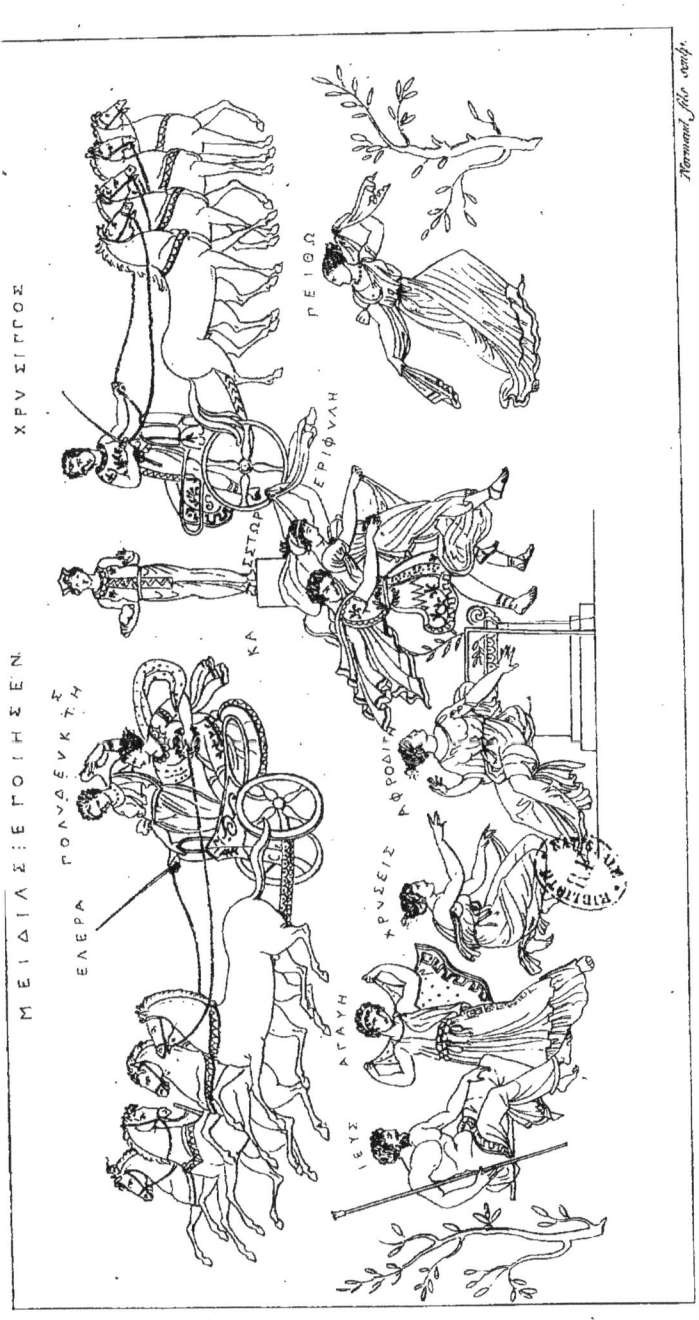

CLXXXVIII.

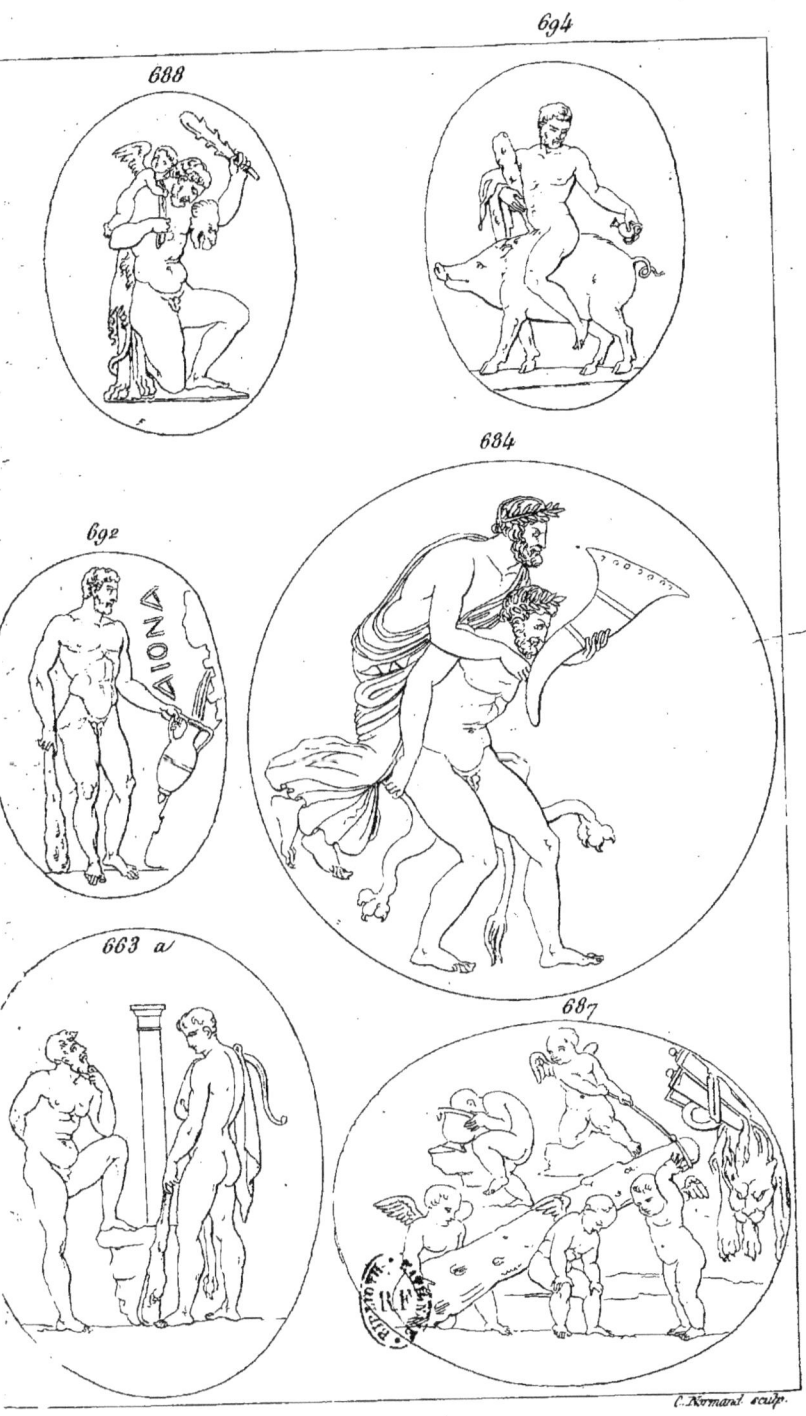

CXCII.

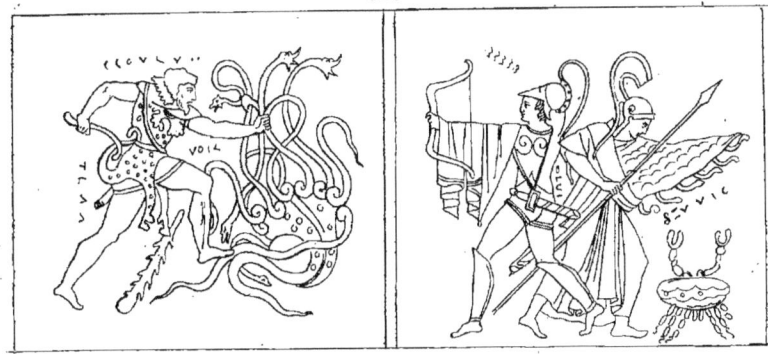

658

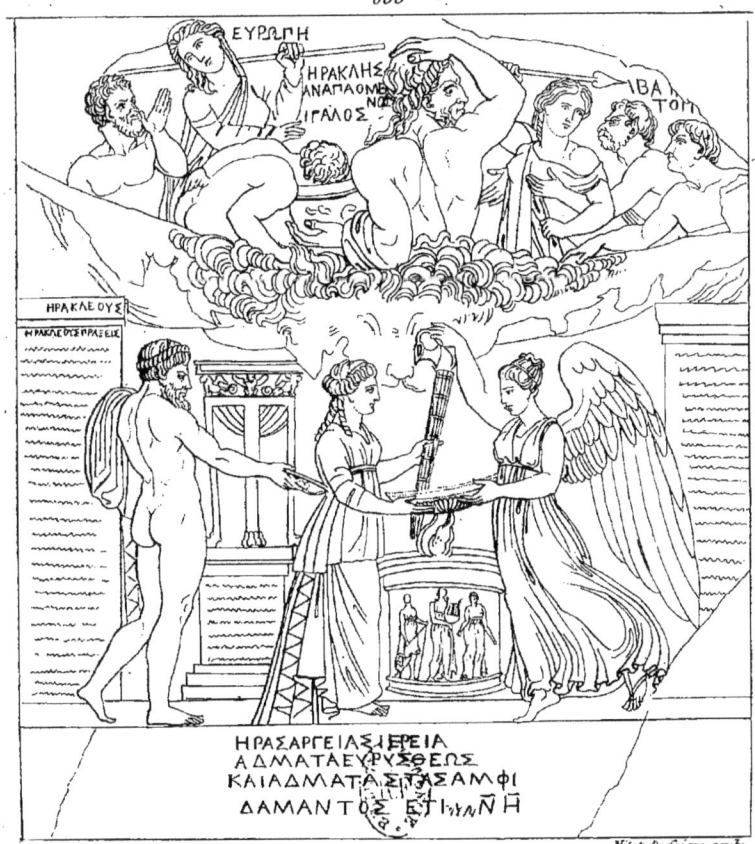

683

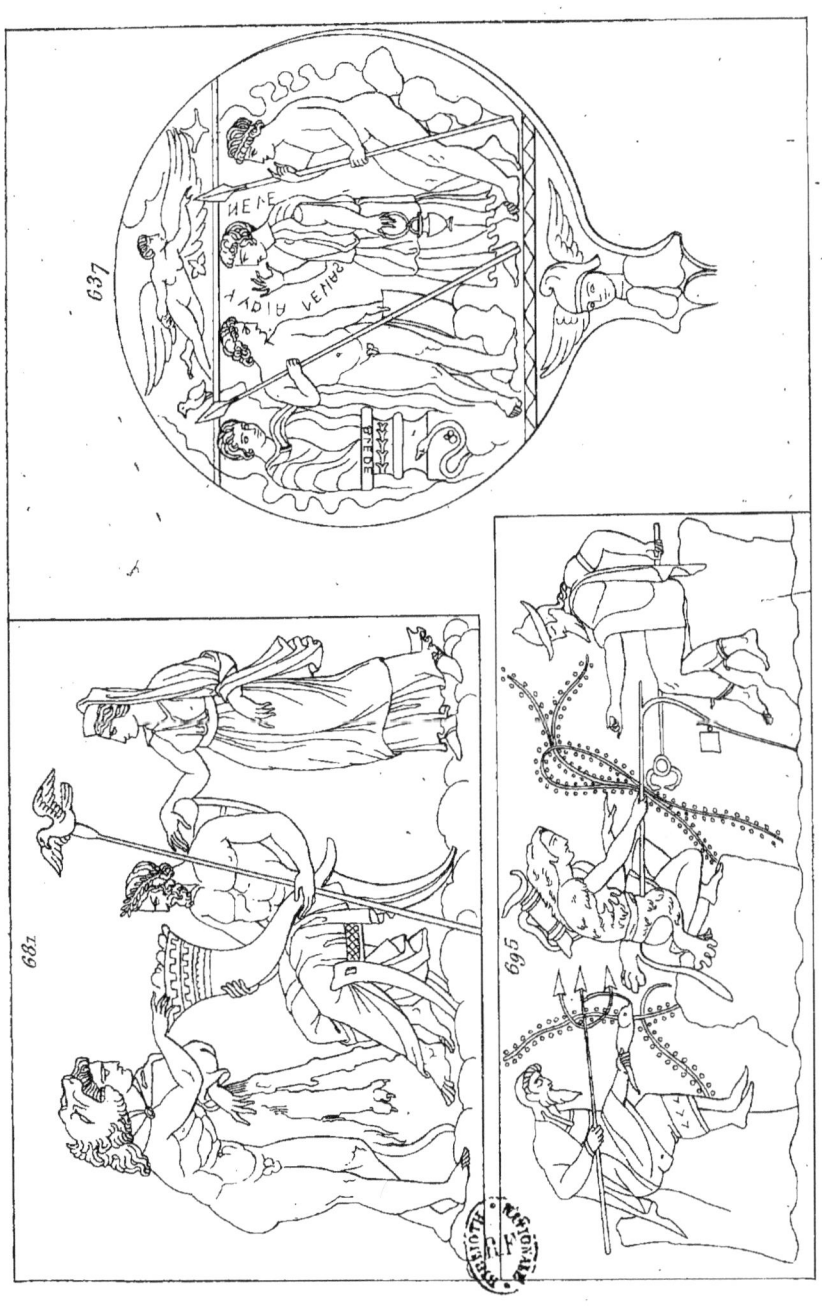

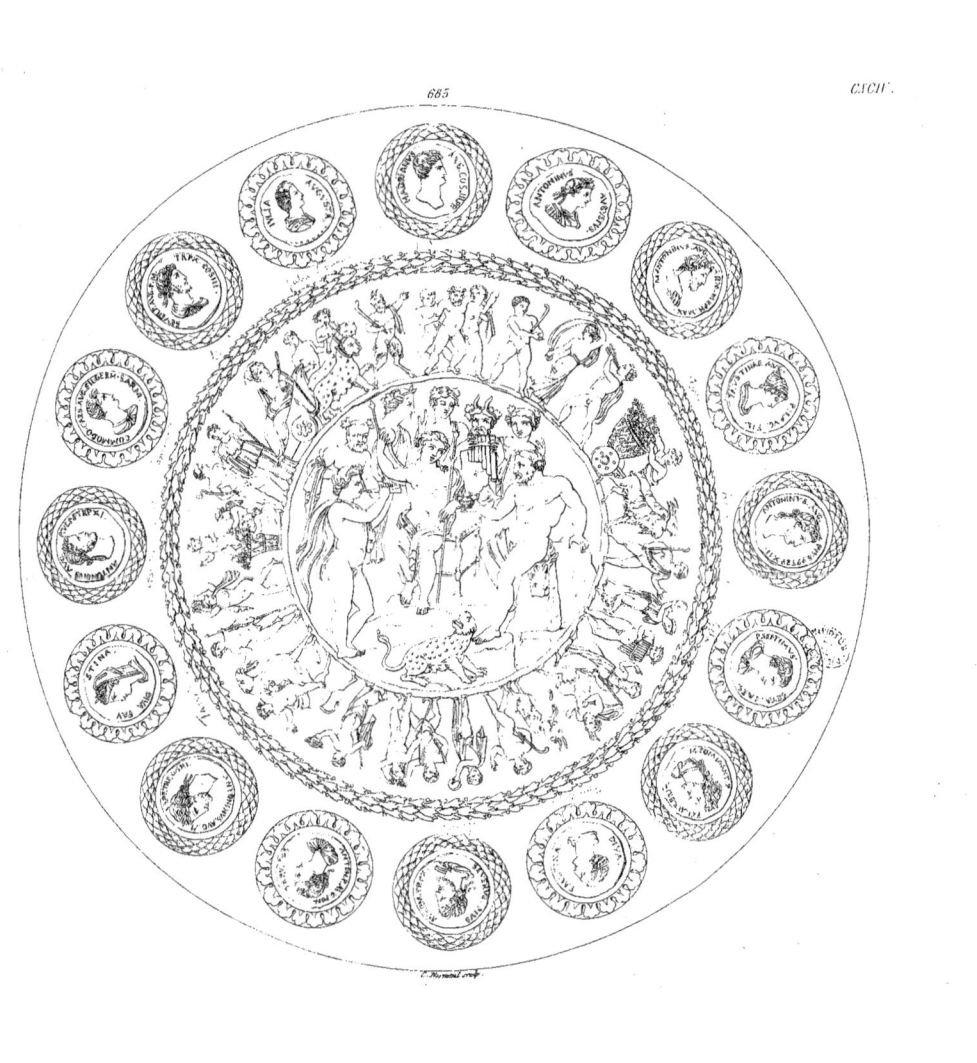

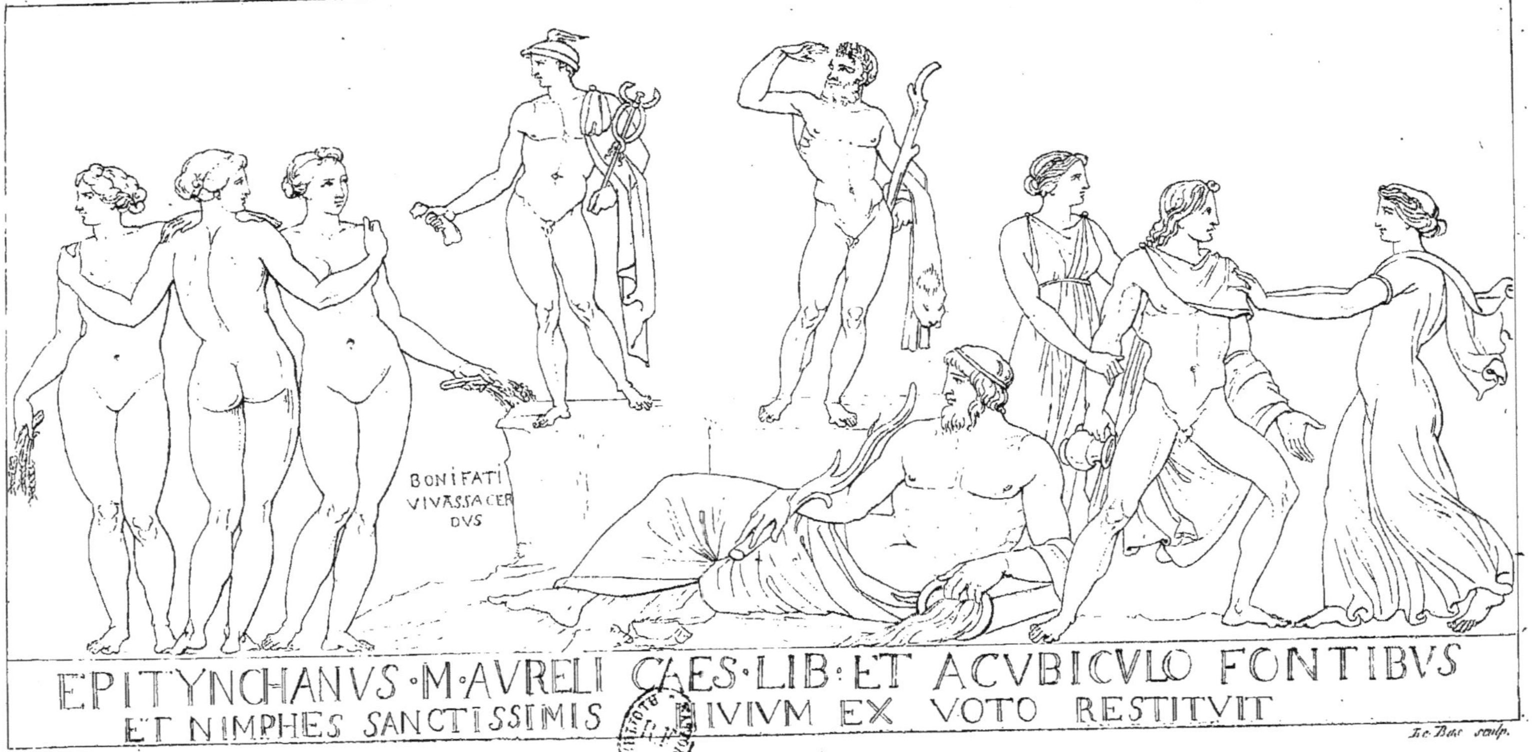
BONIFATI
VIVASSACER
DVS
EPITYNCHANVS · M · AVRELI CAES · LIB · ET ACVBICVLO FONTIBVS
ET NIMPHES SANCTISSIMIS FLVVIVM EX VOTO RESTITVIT
Ie. Bas sculp.

CXCVI.

696

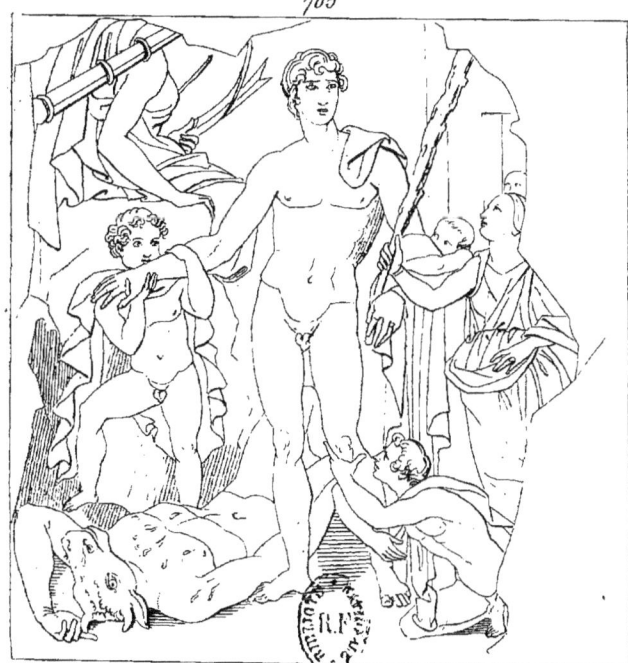

705

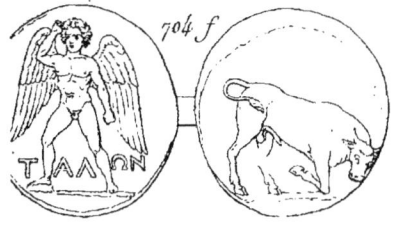

704 f

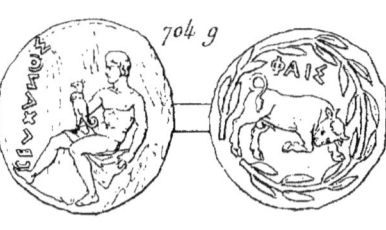

704 g

CXCVII.

709

ΘΗΣΕΥΣ   ΙΠΠΟΛΥΤΗ   ΔΕΙΝΟΜΑΧΗ

697

699

Nitot Dufresne sculp.

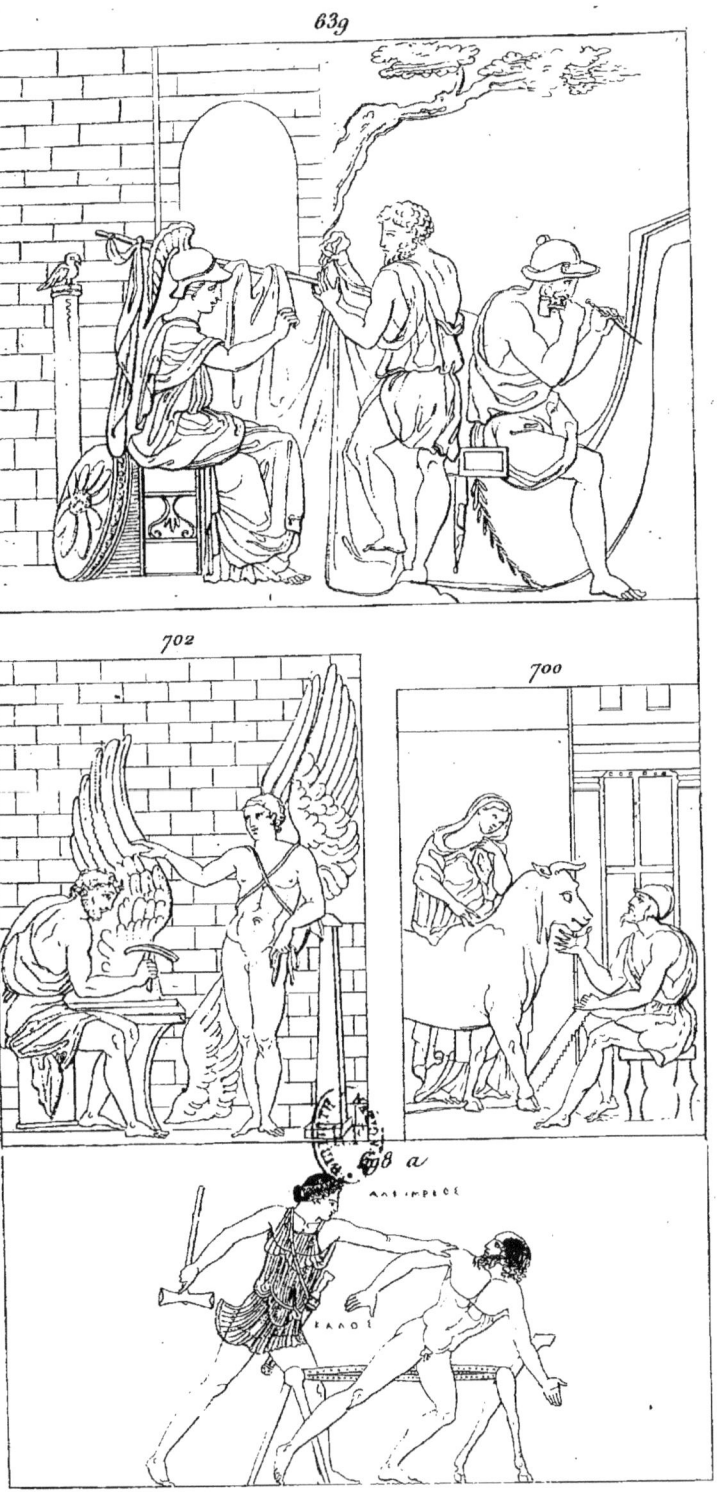

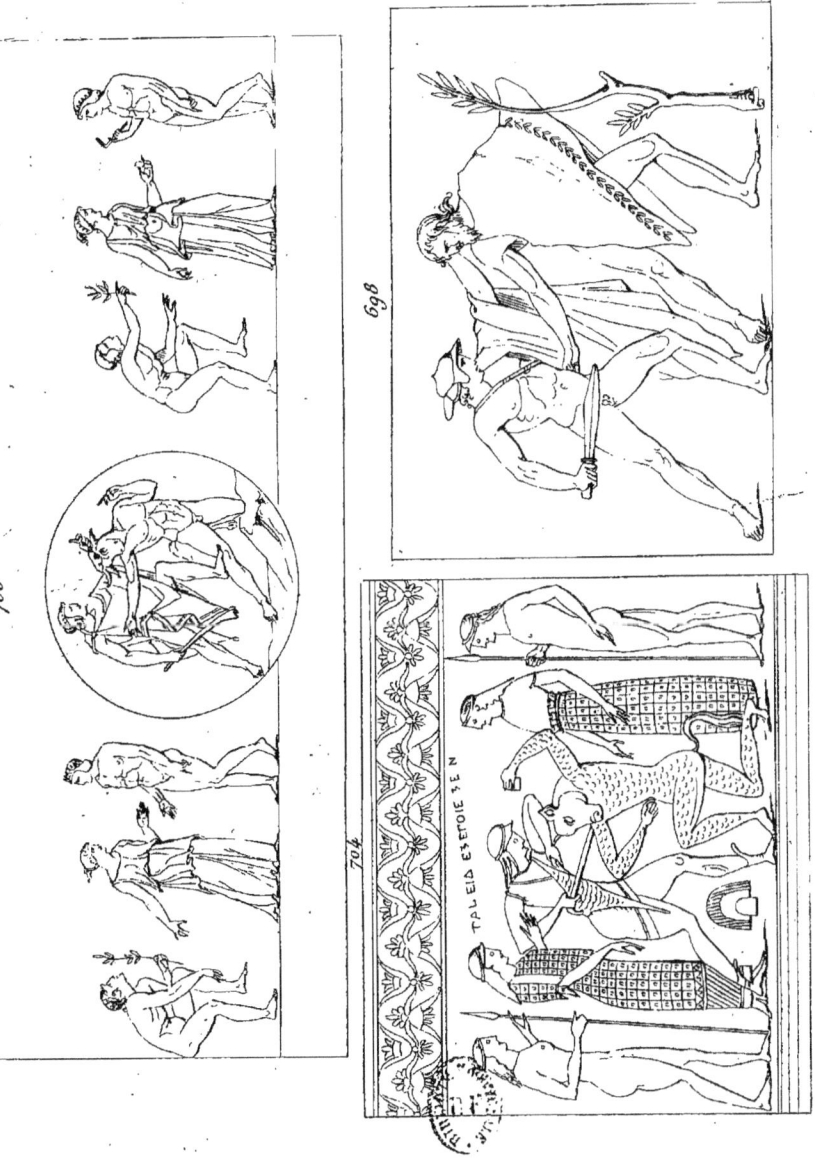

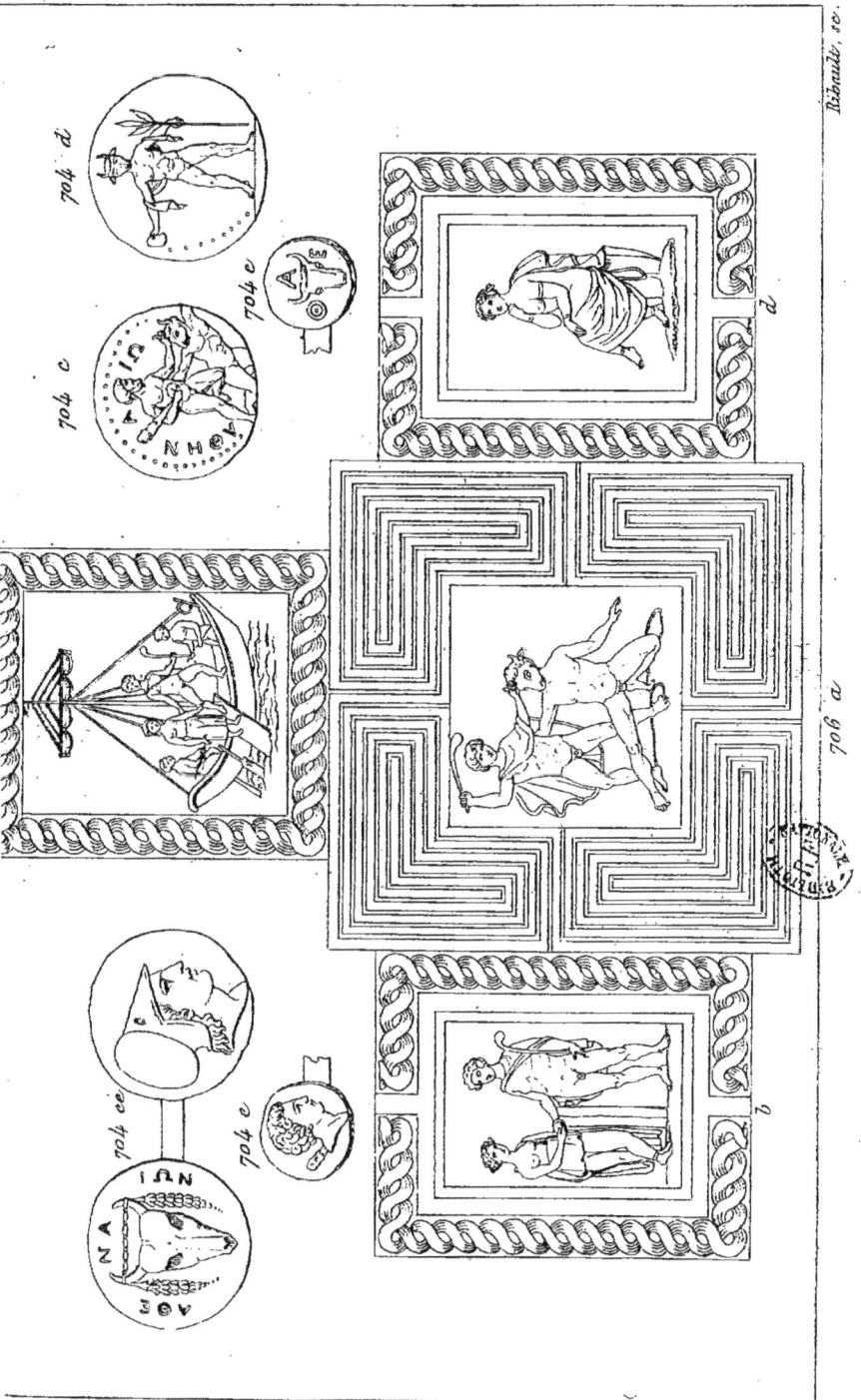

CCII.

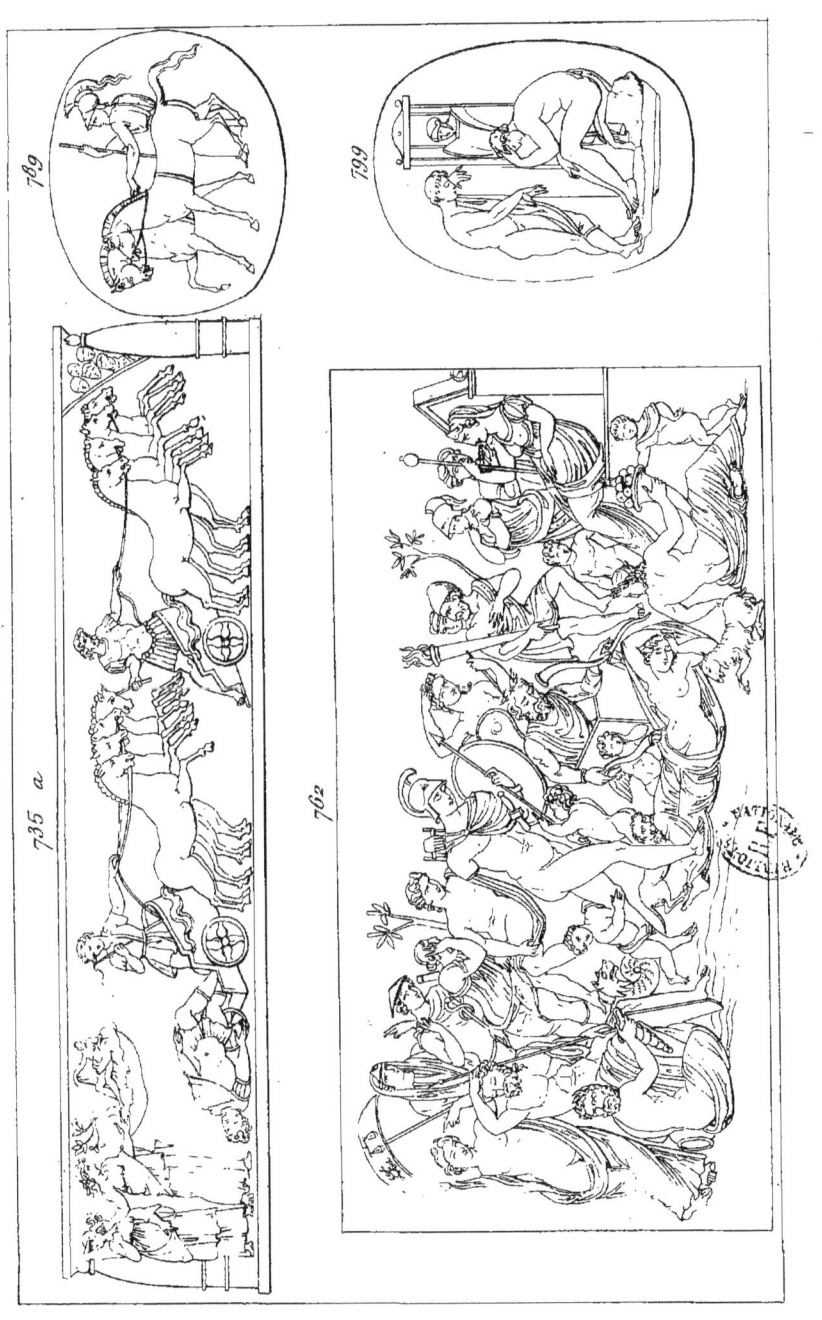

CCIV.

CCV.

802.

713.

CCVI.

804

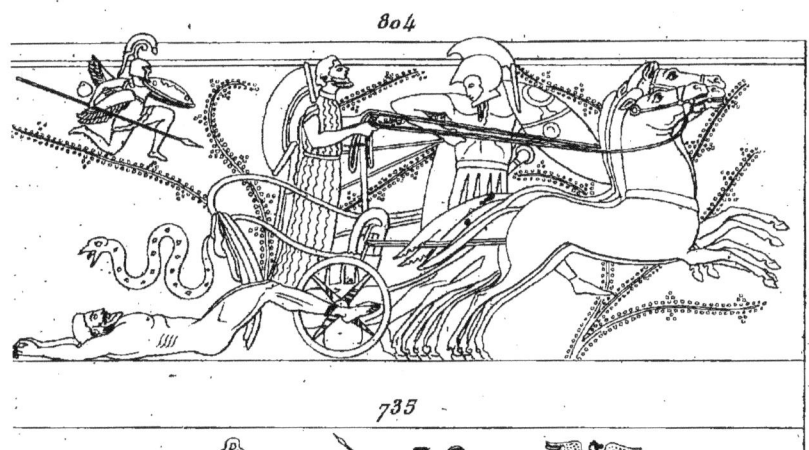

735

725 a

Ribault, sc.

CCVII.

774 a

665 bb

665 b

Ribault, sc.

CCVIII

CCIX.

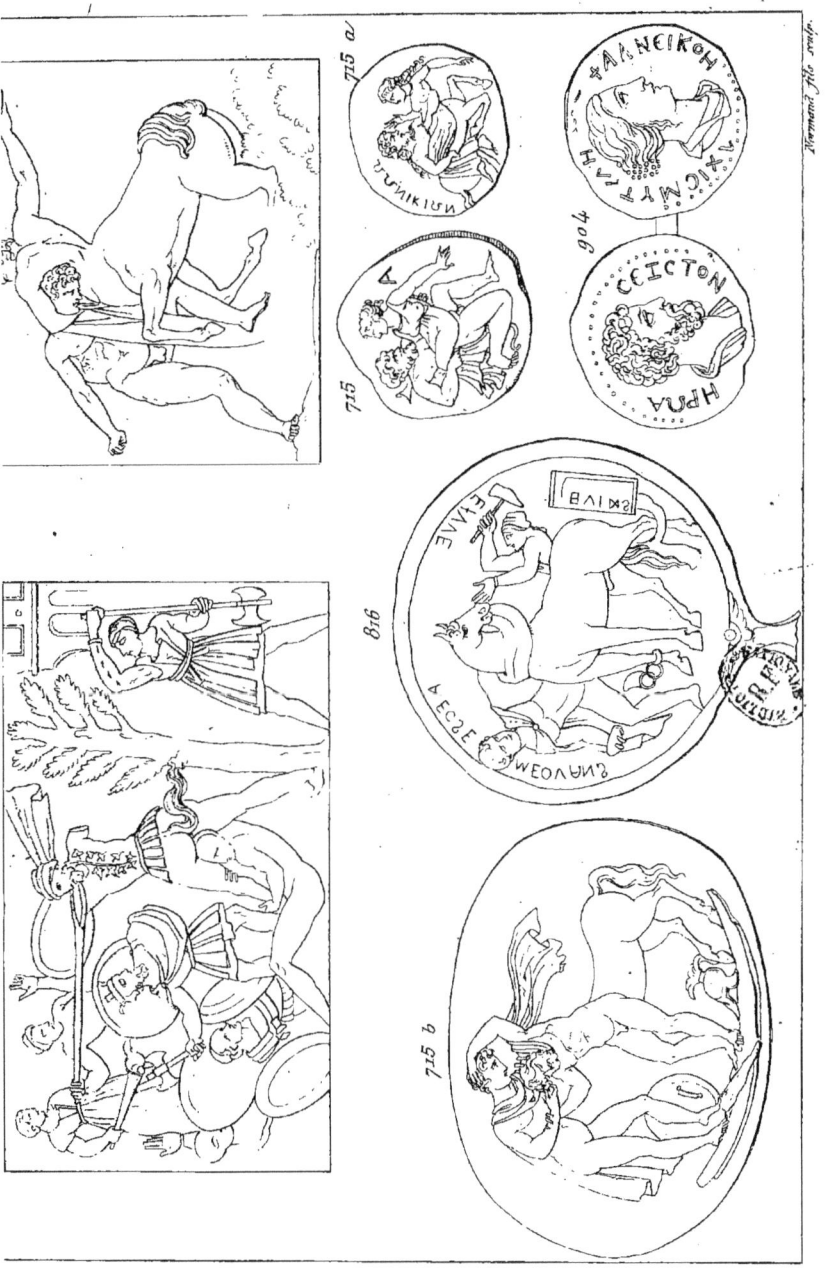

CCXI.

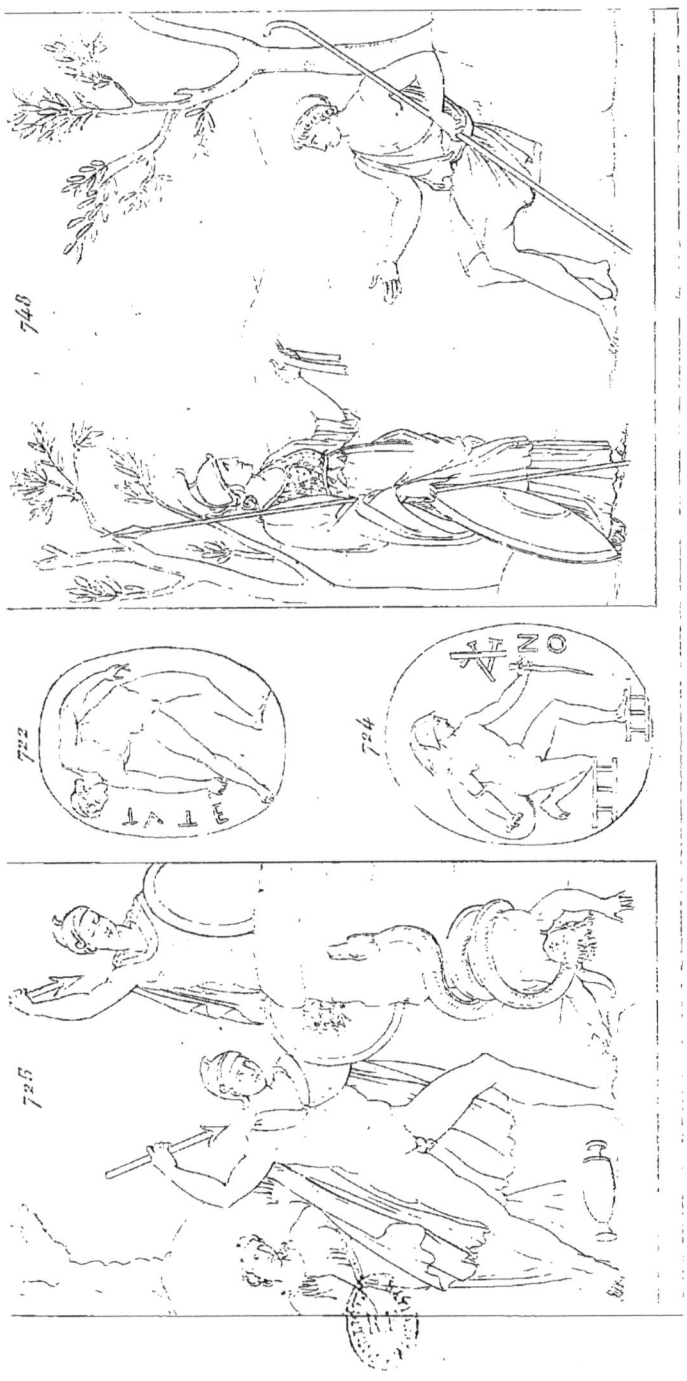

CCXII.

CCXIII.

CCXIV.

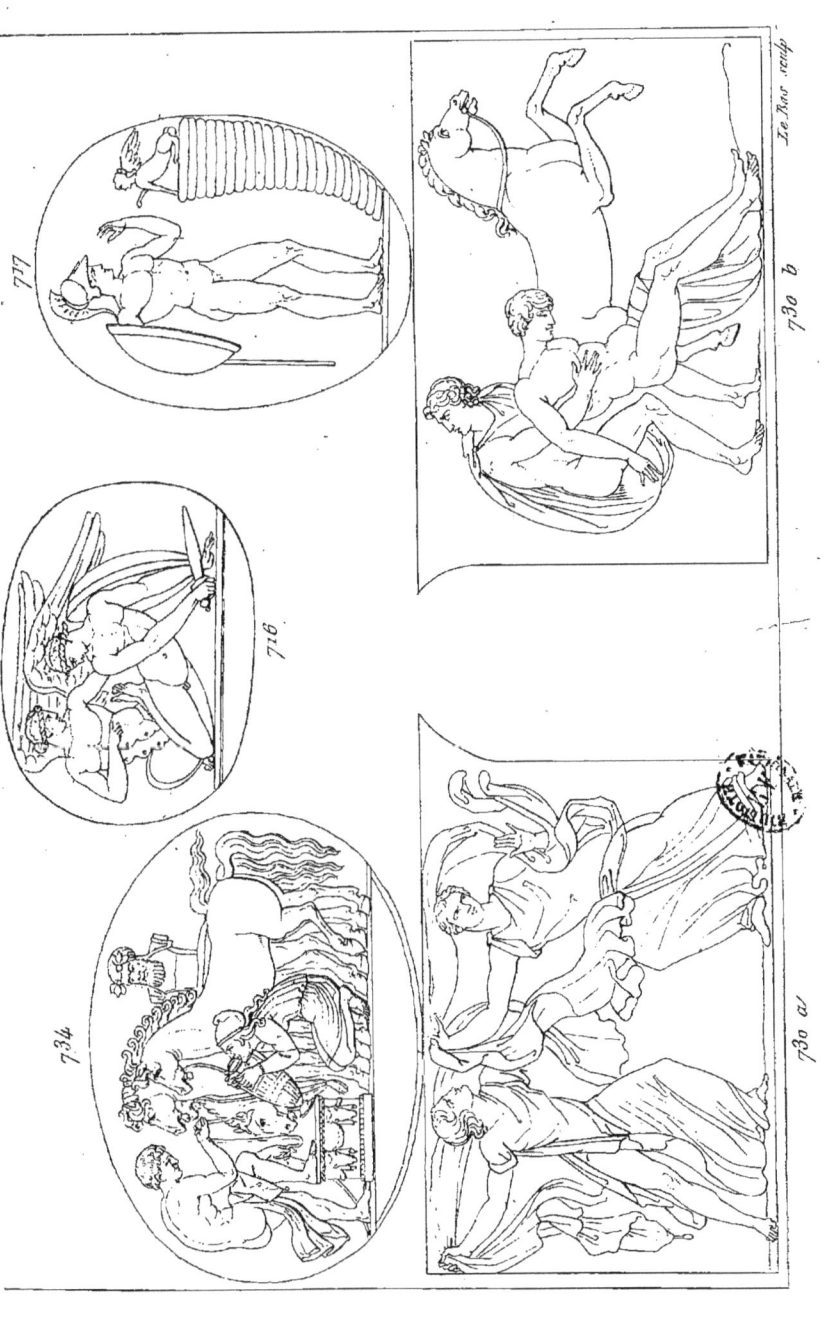

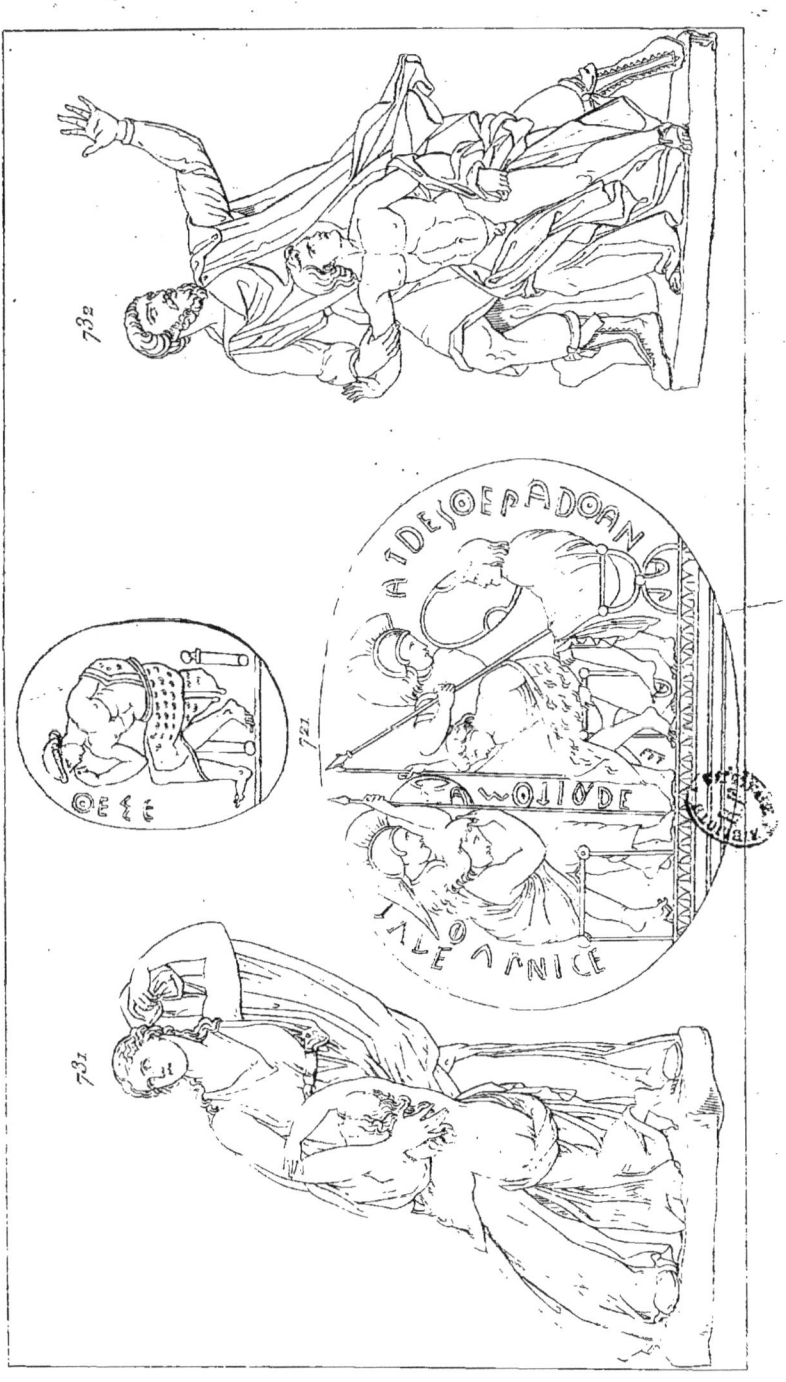

CCXV bis

CCXVI.

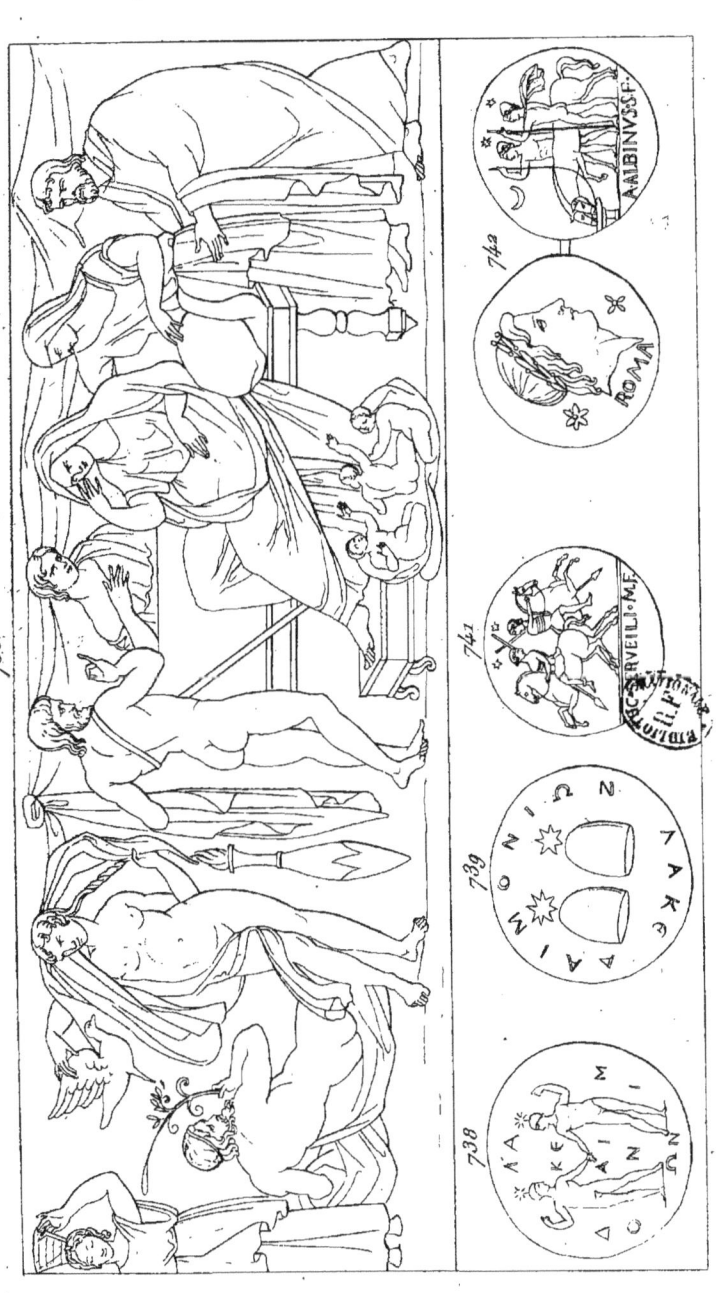

CCXVII.

745

777

769

783

CCXVIII.

CCXIX.

CCXXI.

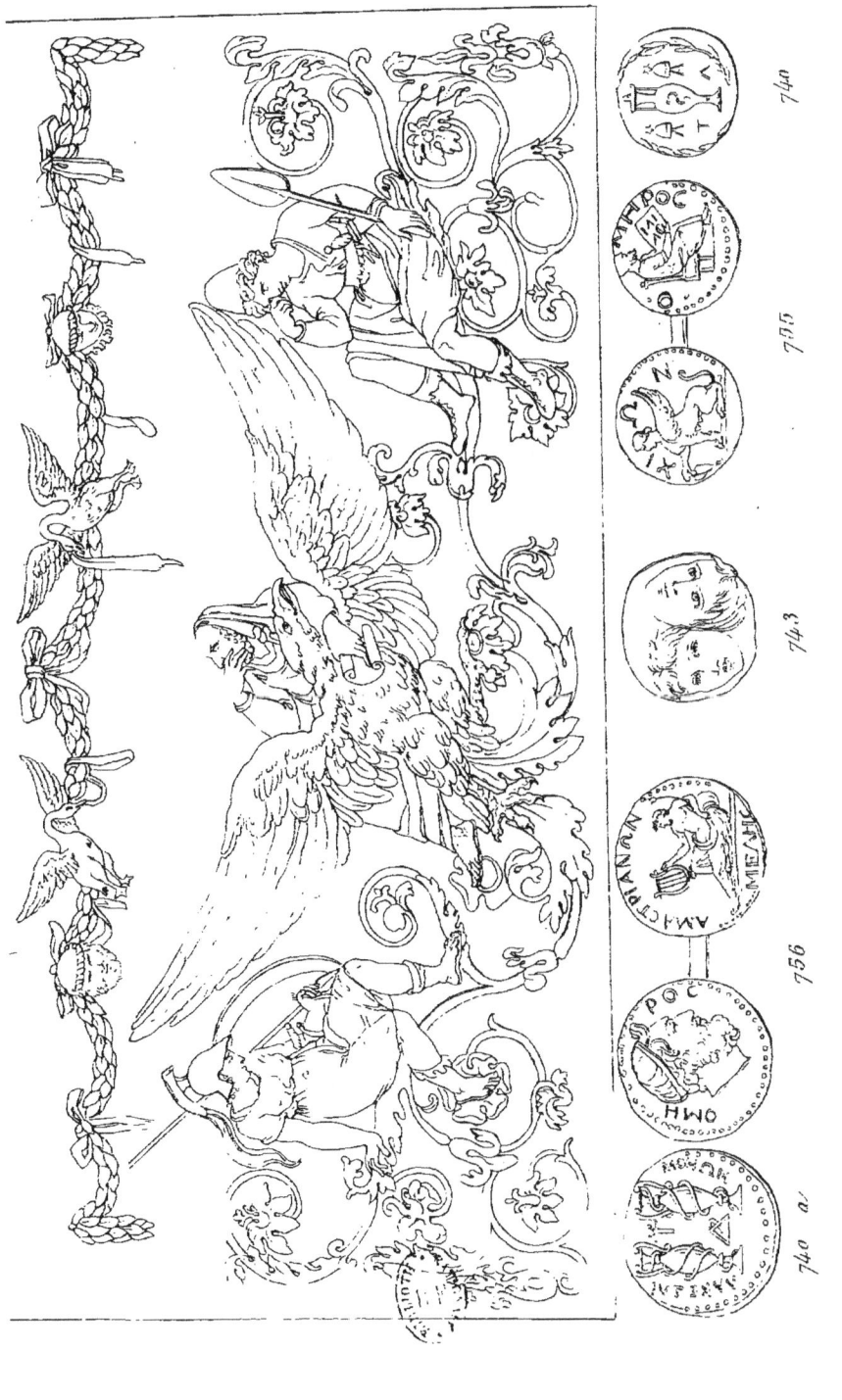

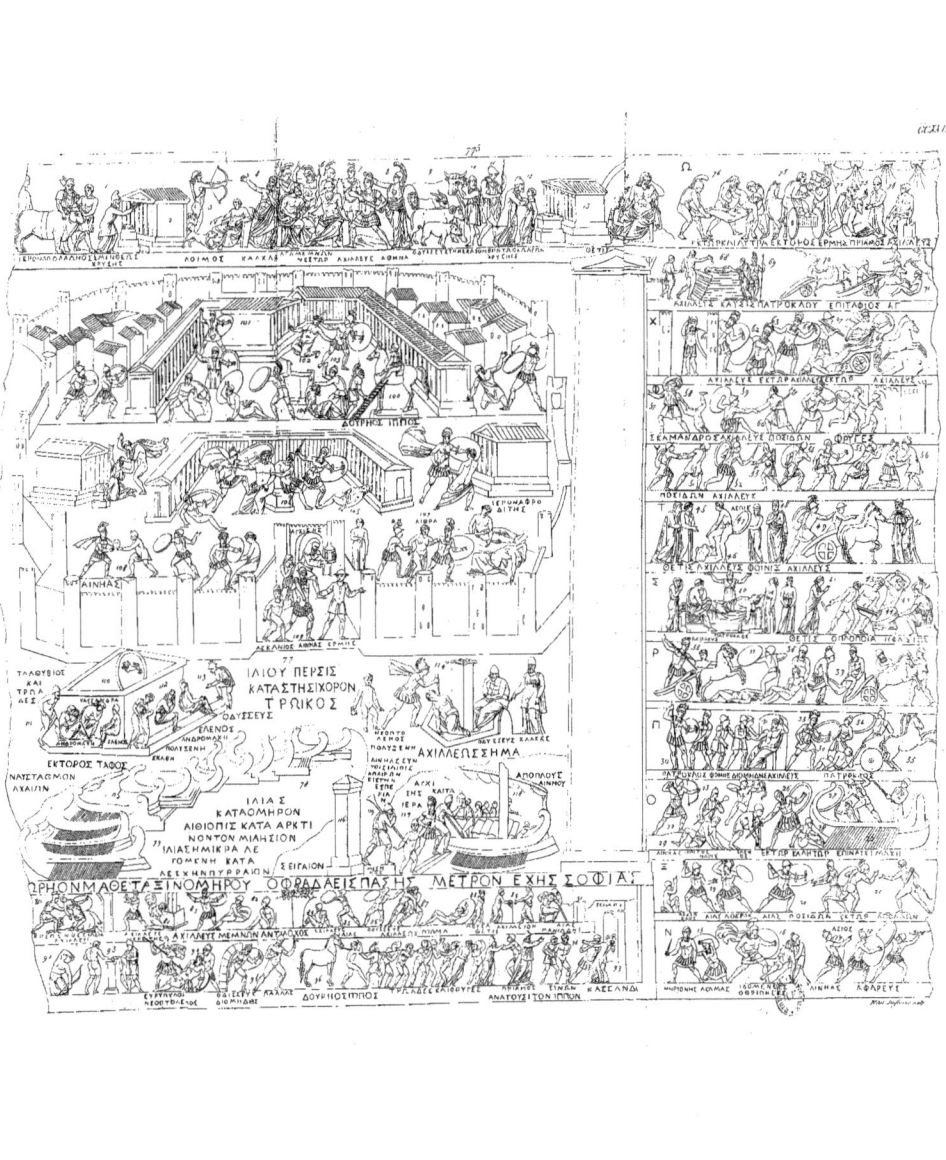

CCXXIII

CCXXIV

CCXXV.

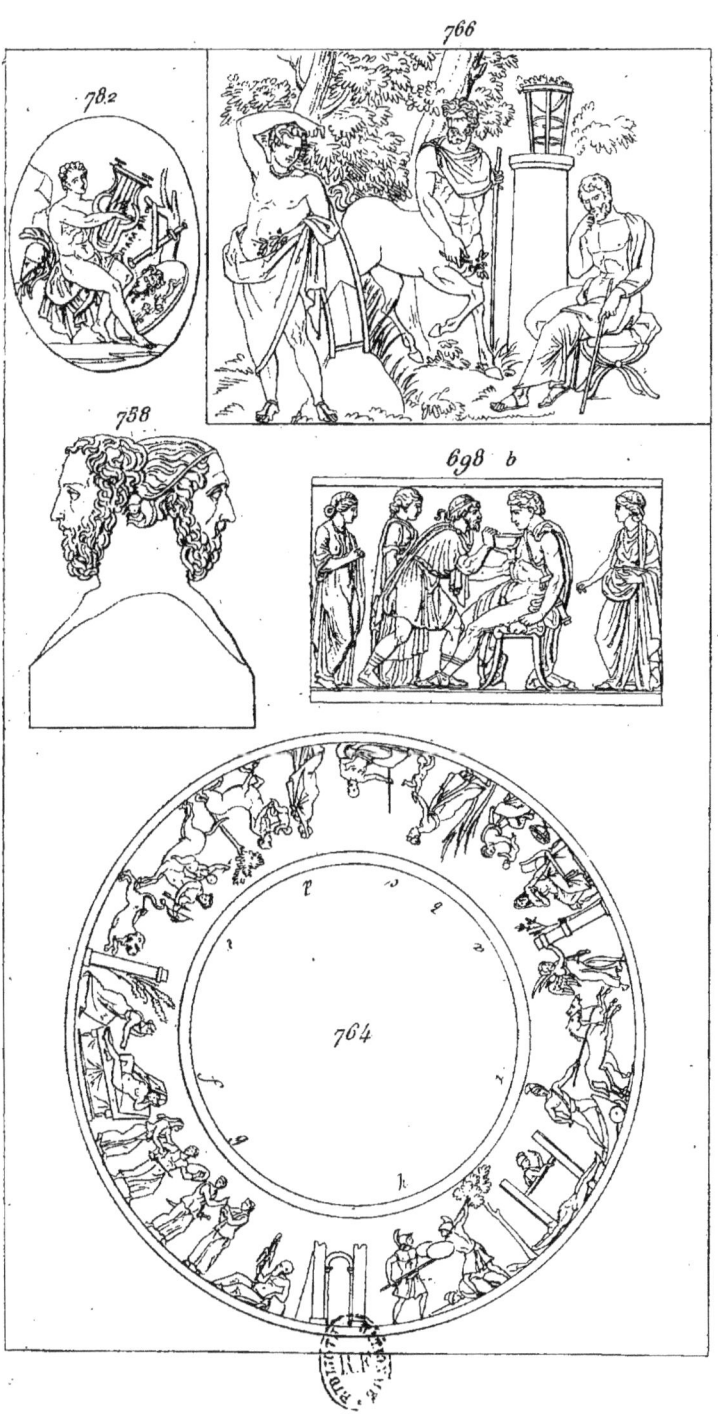

CCXXVI.

CCXXVIII.

CCXXIX.

CCXXX.

CCXXXI.

CCXXXII.

CCXXIII.

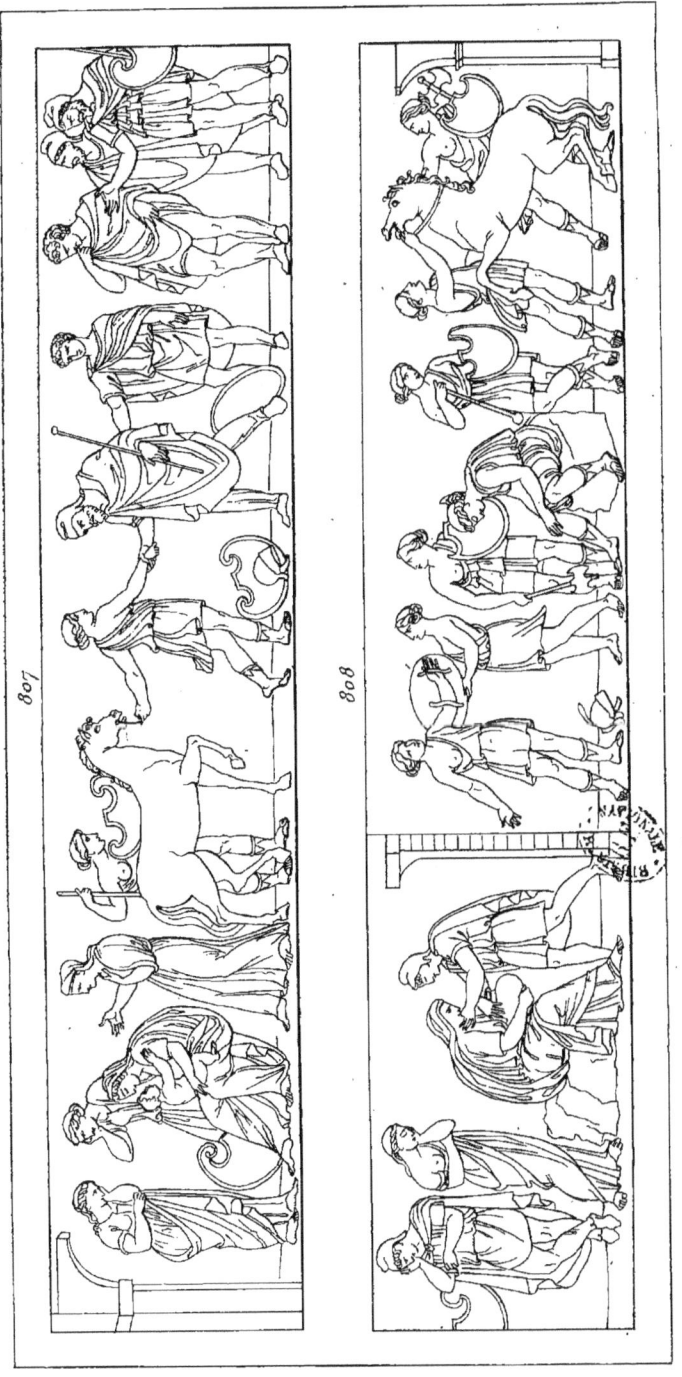

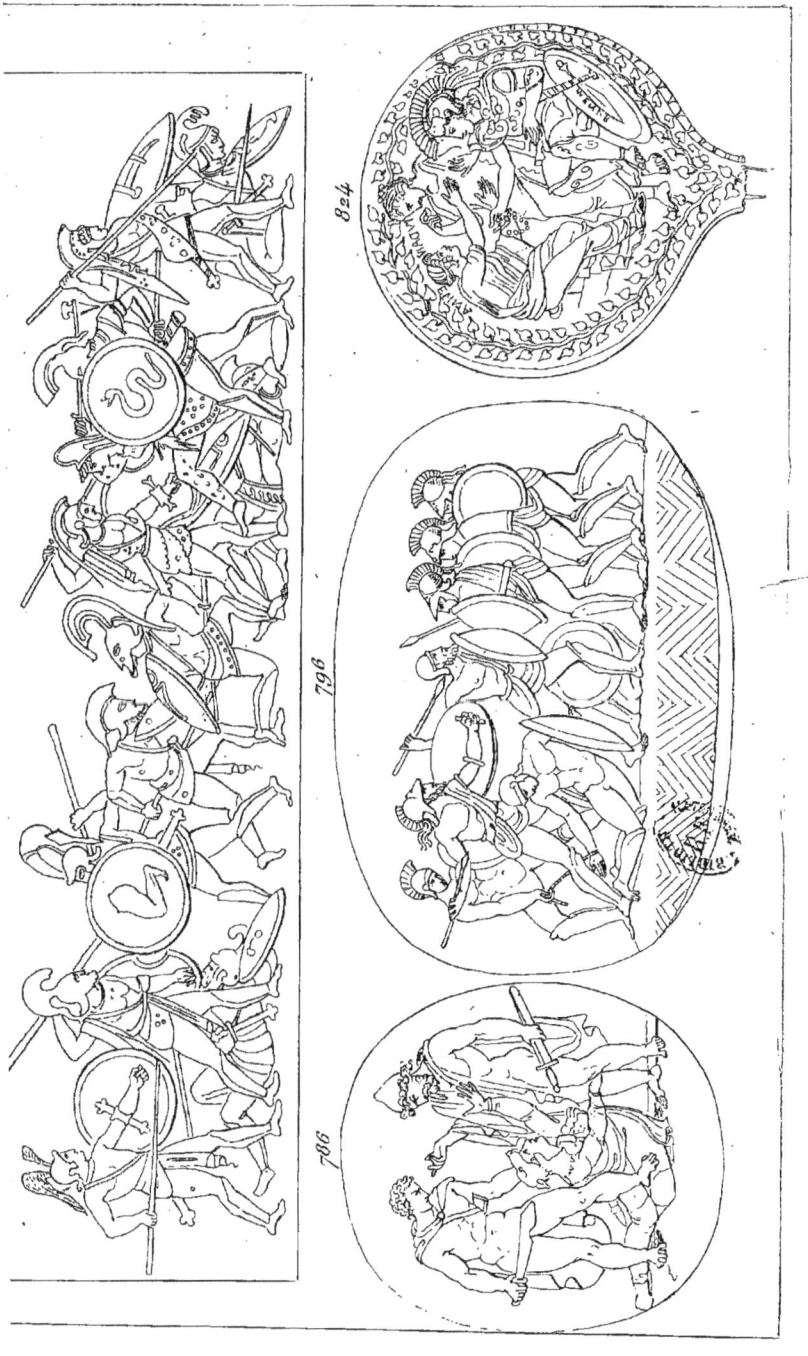

CCXXXIV.

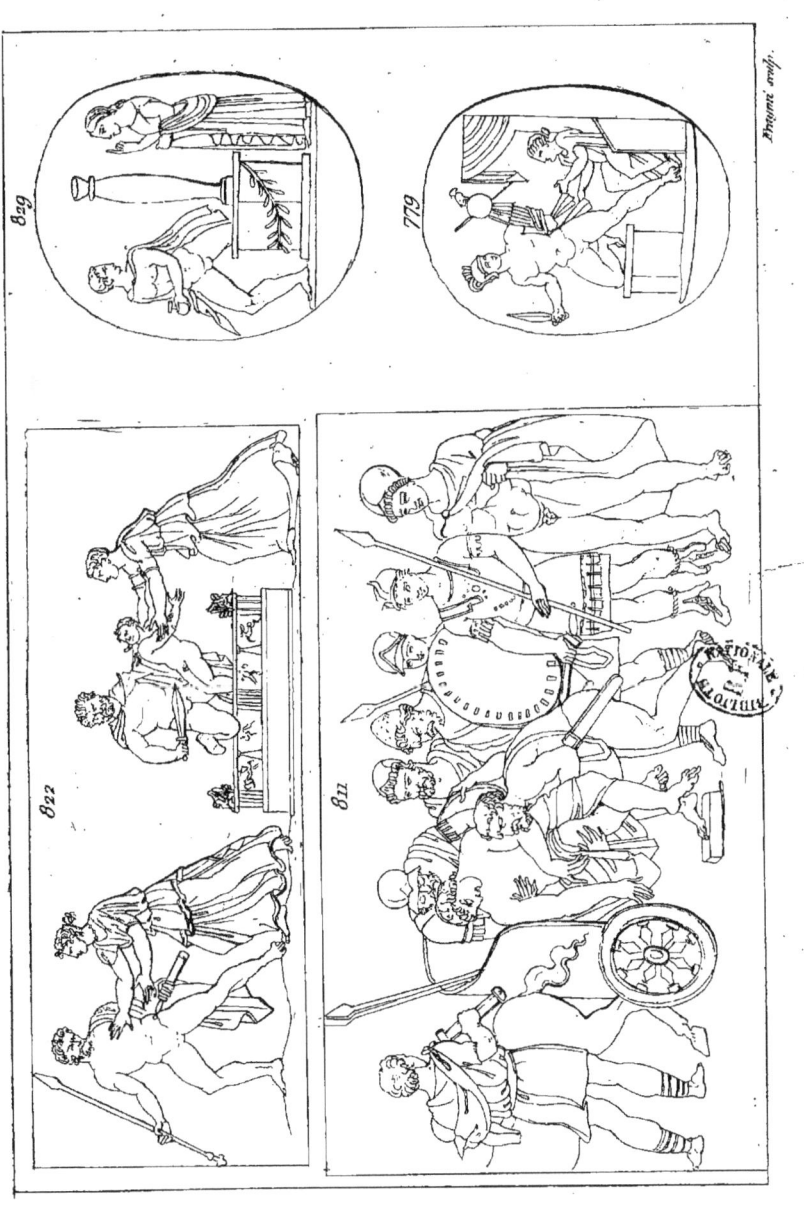

CCXXXVI.

CCXXXVII

CCXXXVIII.

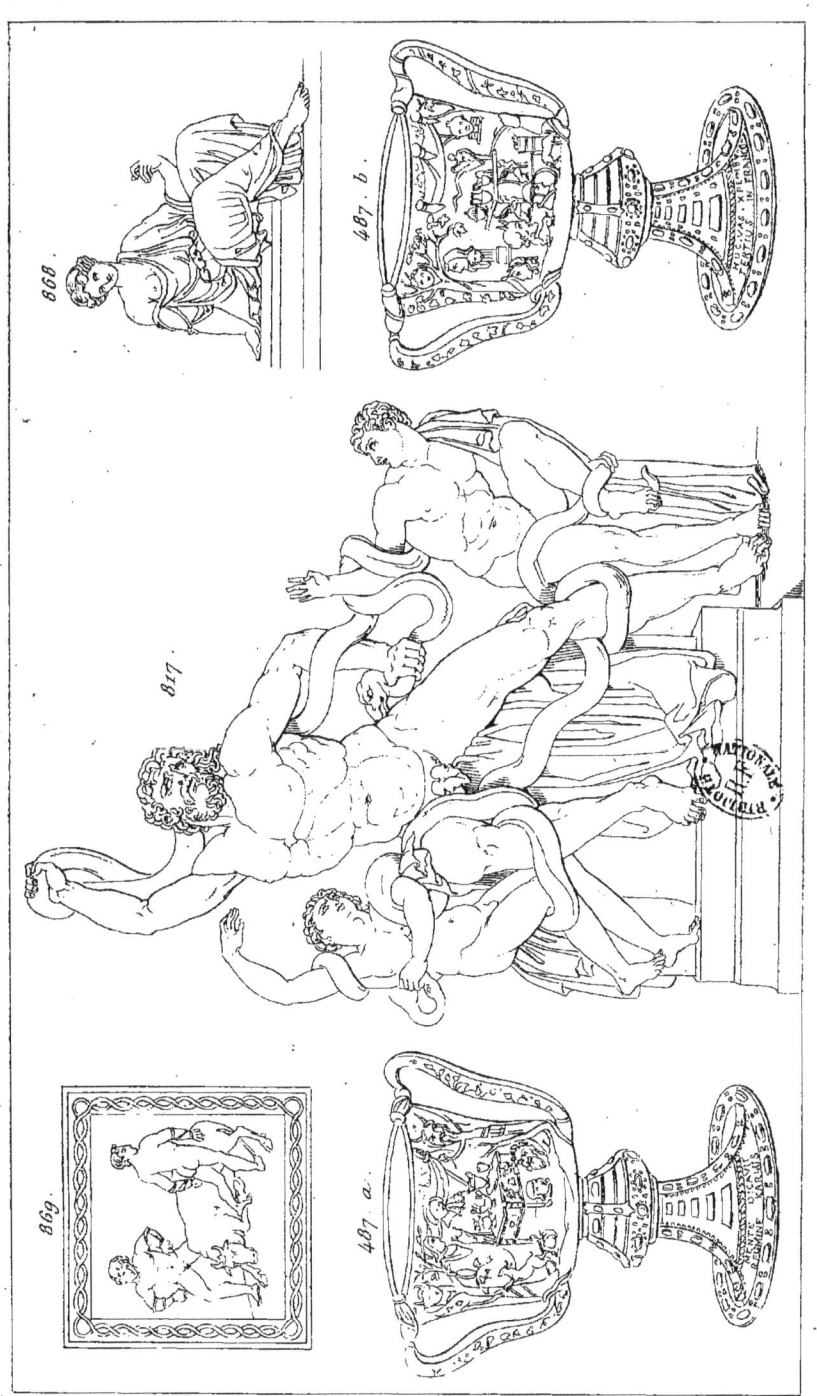

CCLXXIX

CCXL.

820

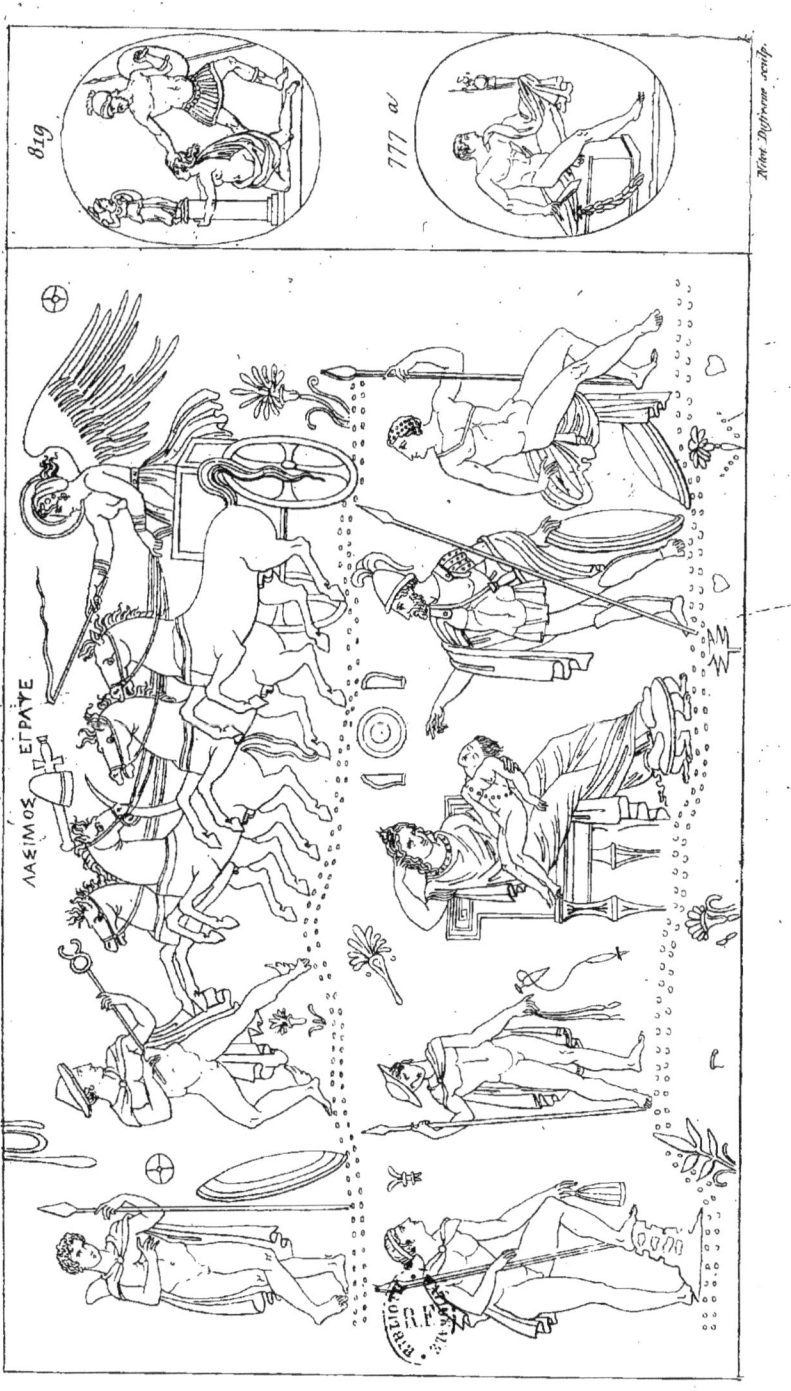

CCXLI.

CCXLII.

835 b

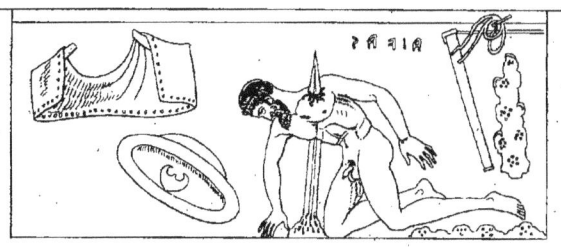

835

835 a

Ribault, sc.

CCXLII.

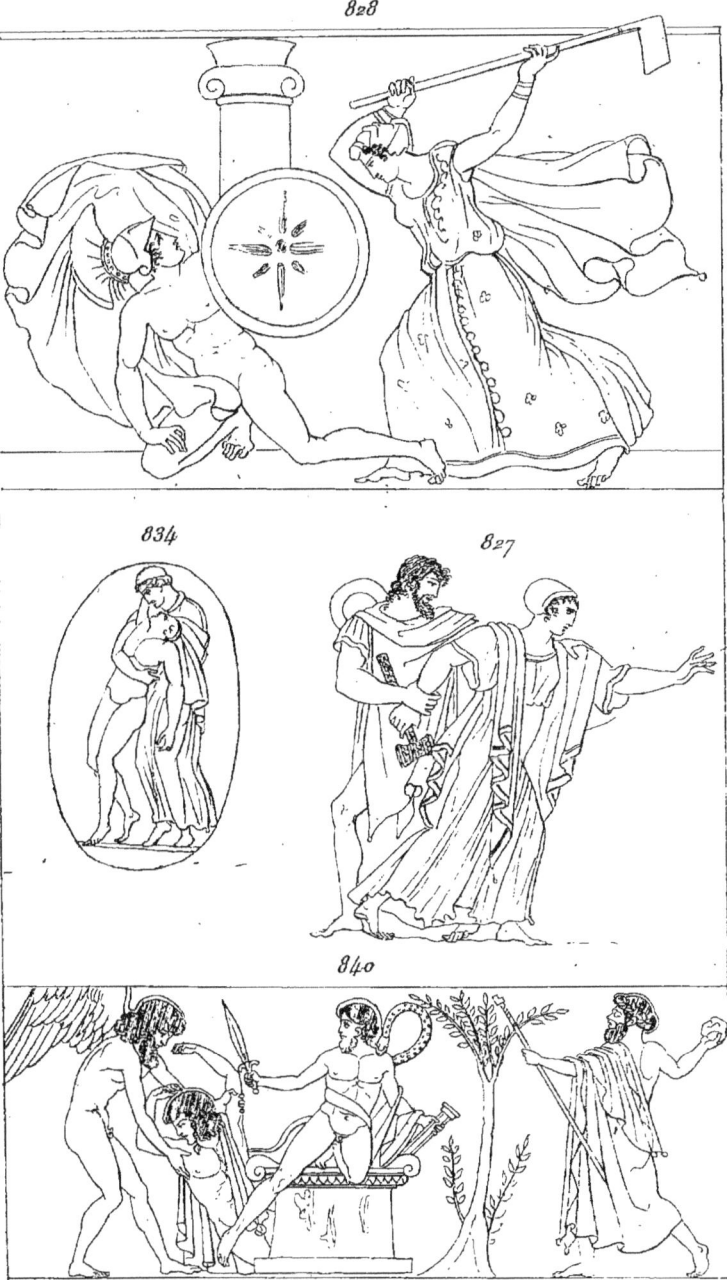

CCXLIV.

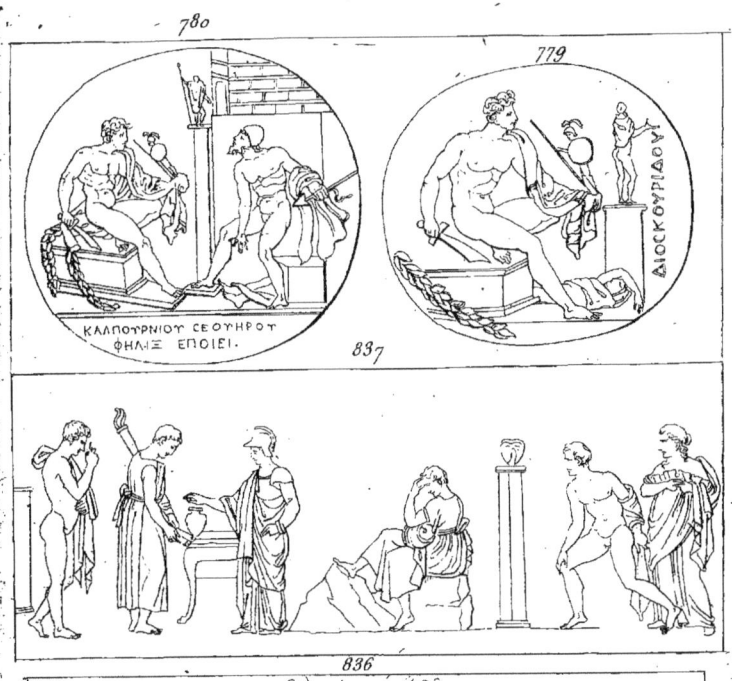

CCXLIV bis

CCXLV.

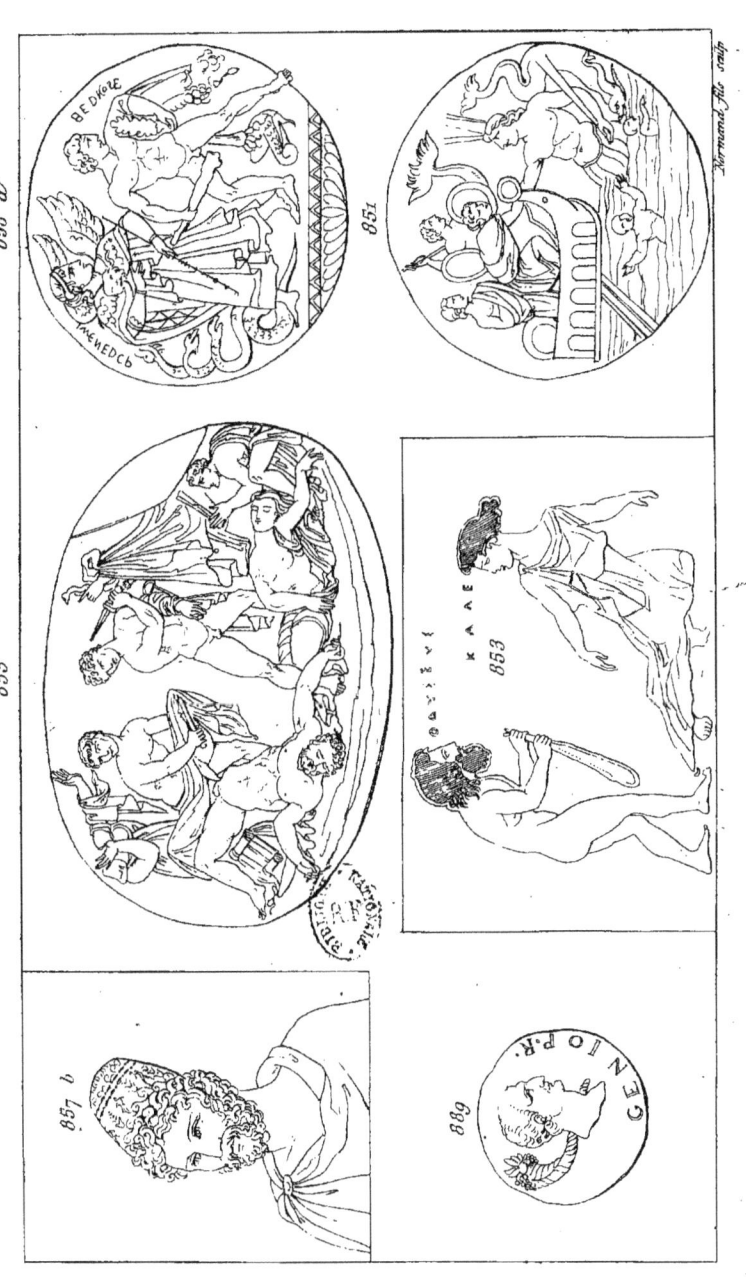

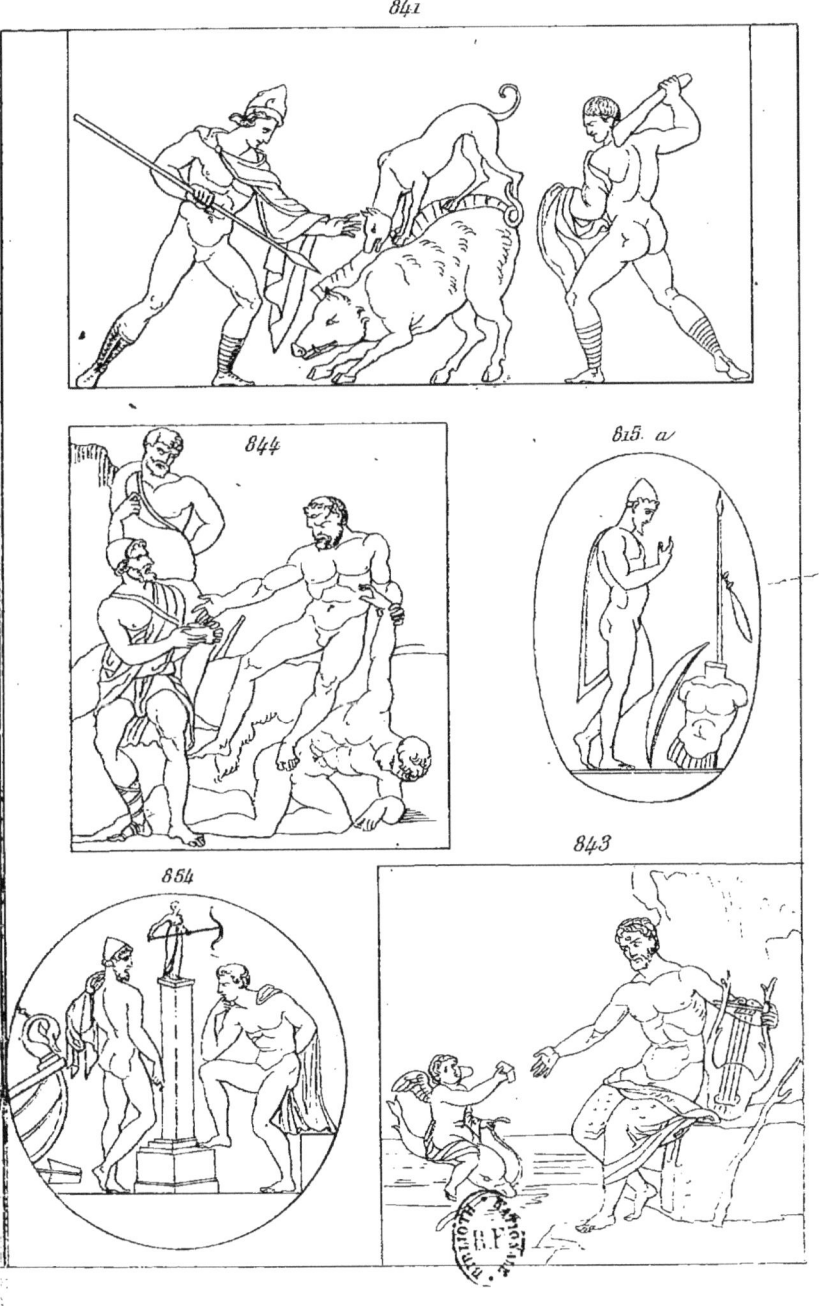

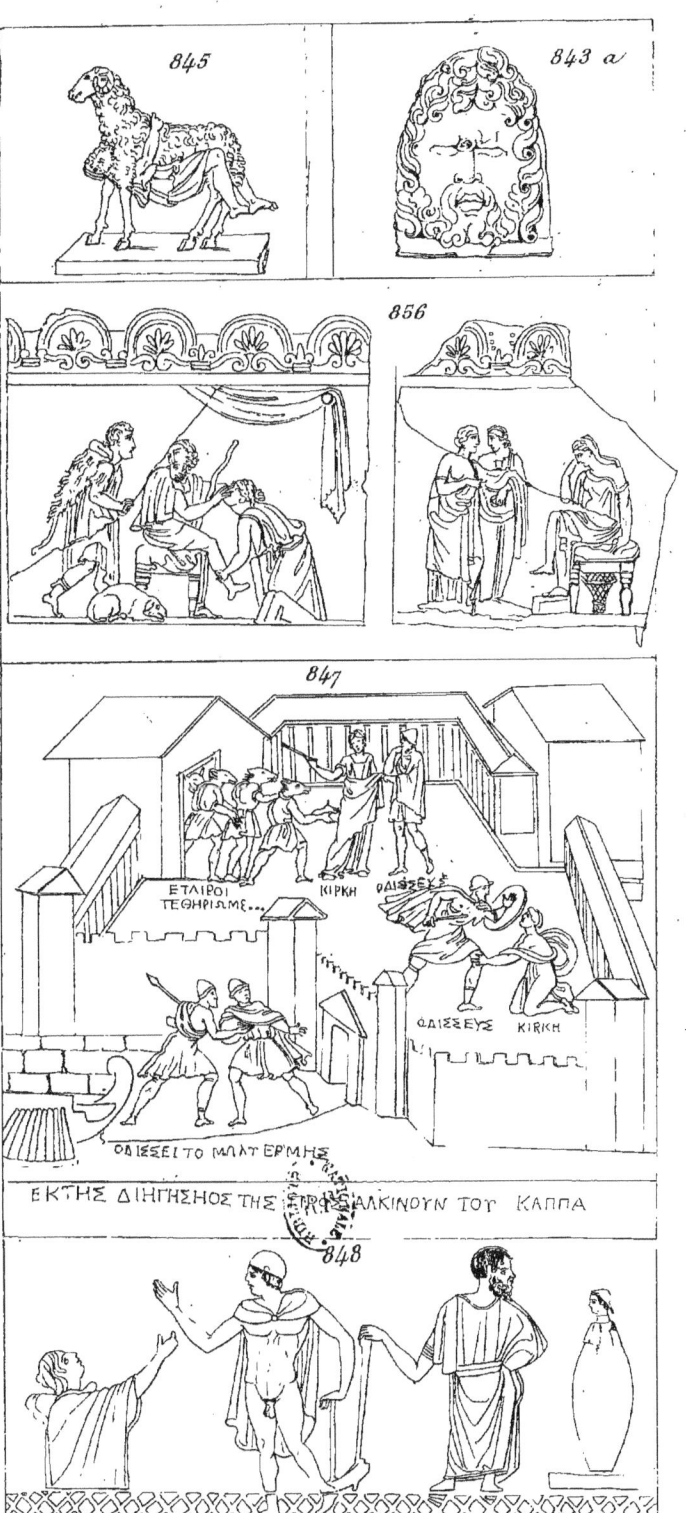

CCXLVIII.

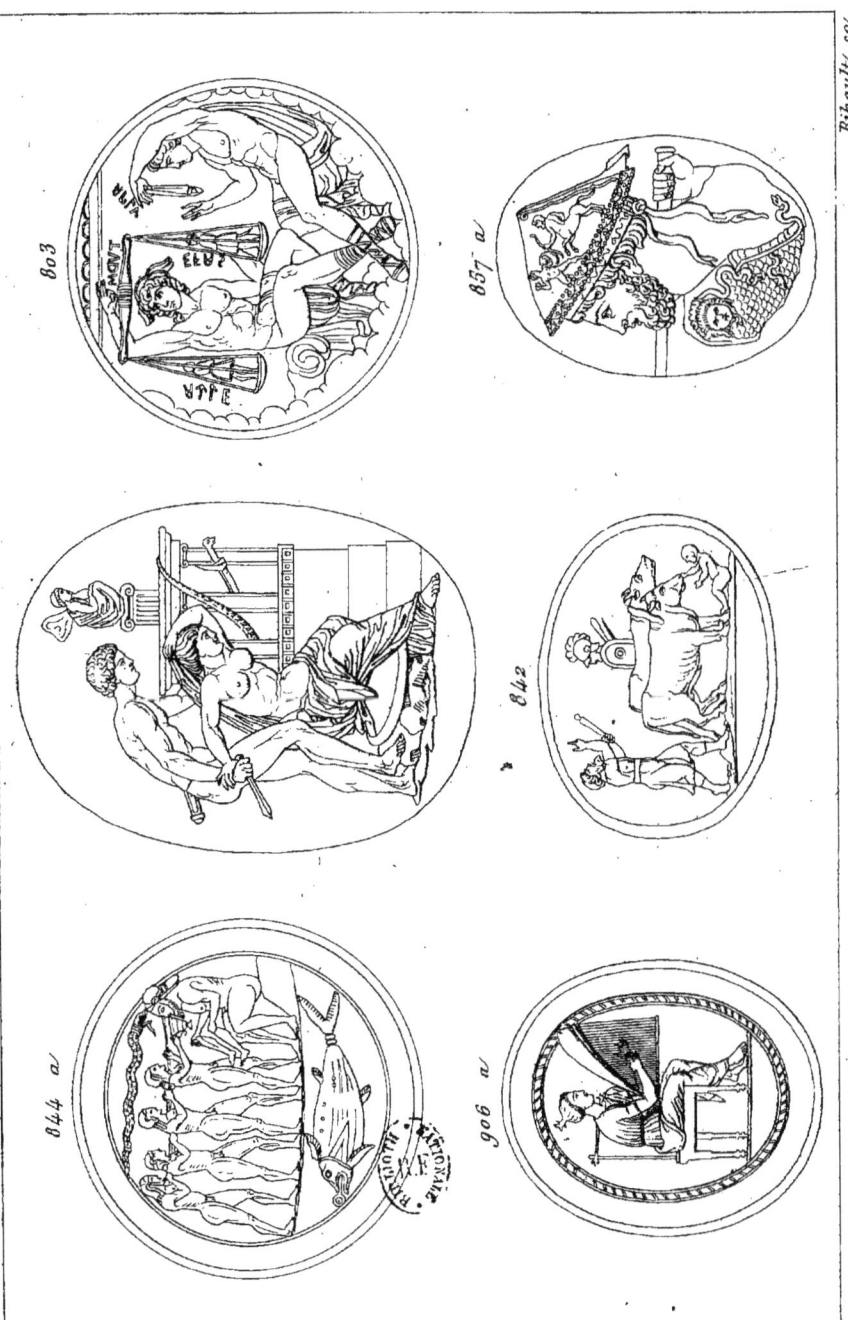

CCXLVIII bis

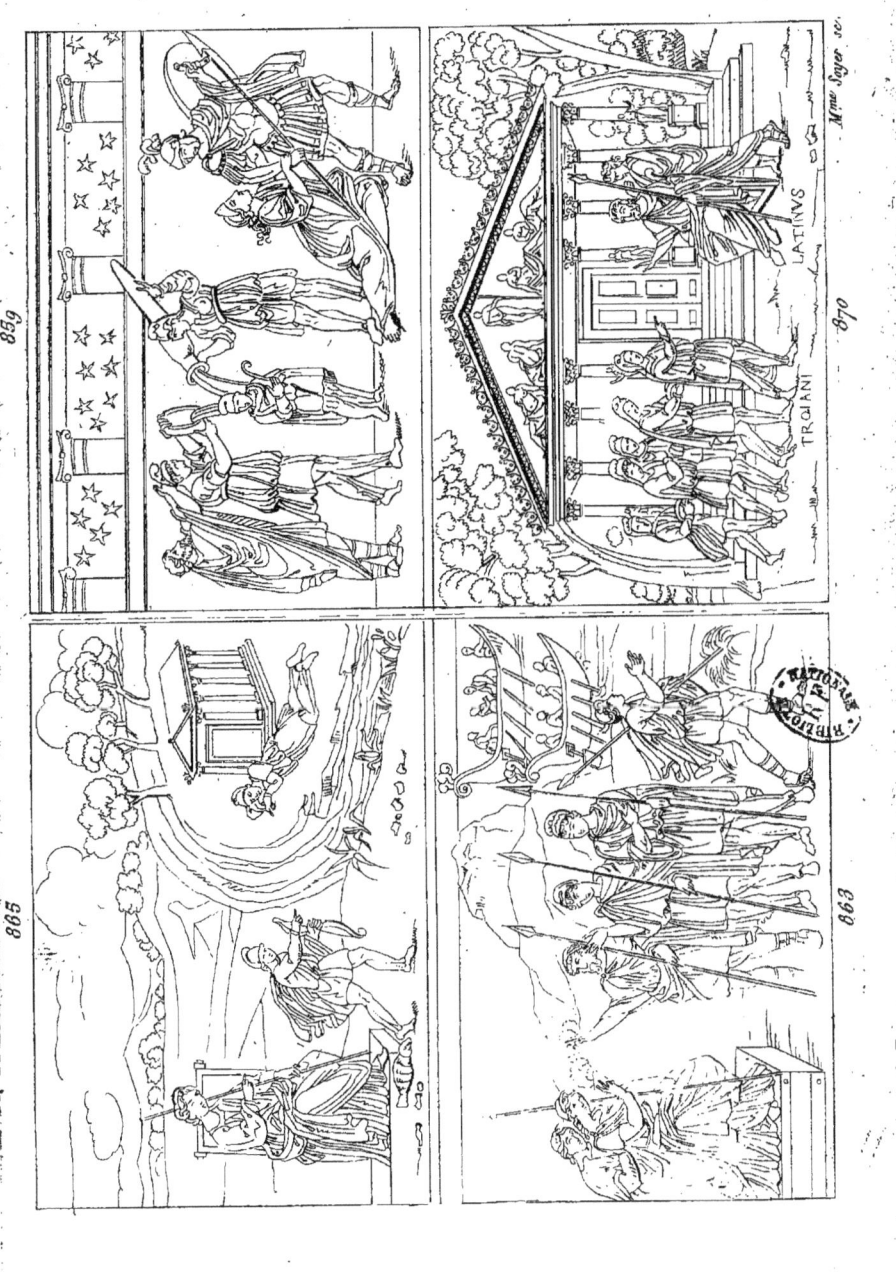

CCLI.

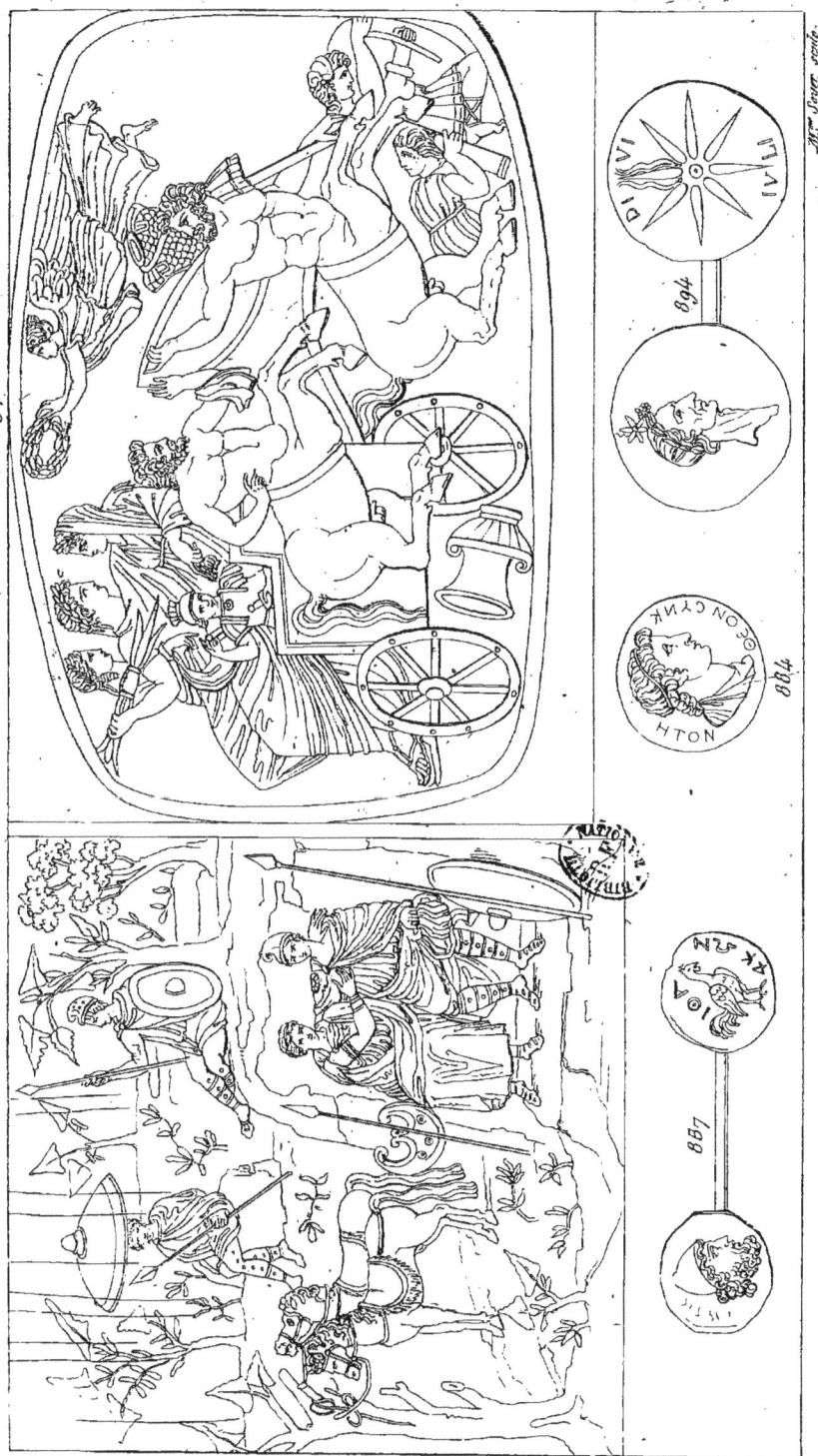

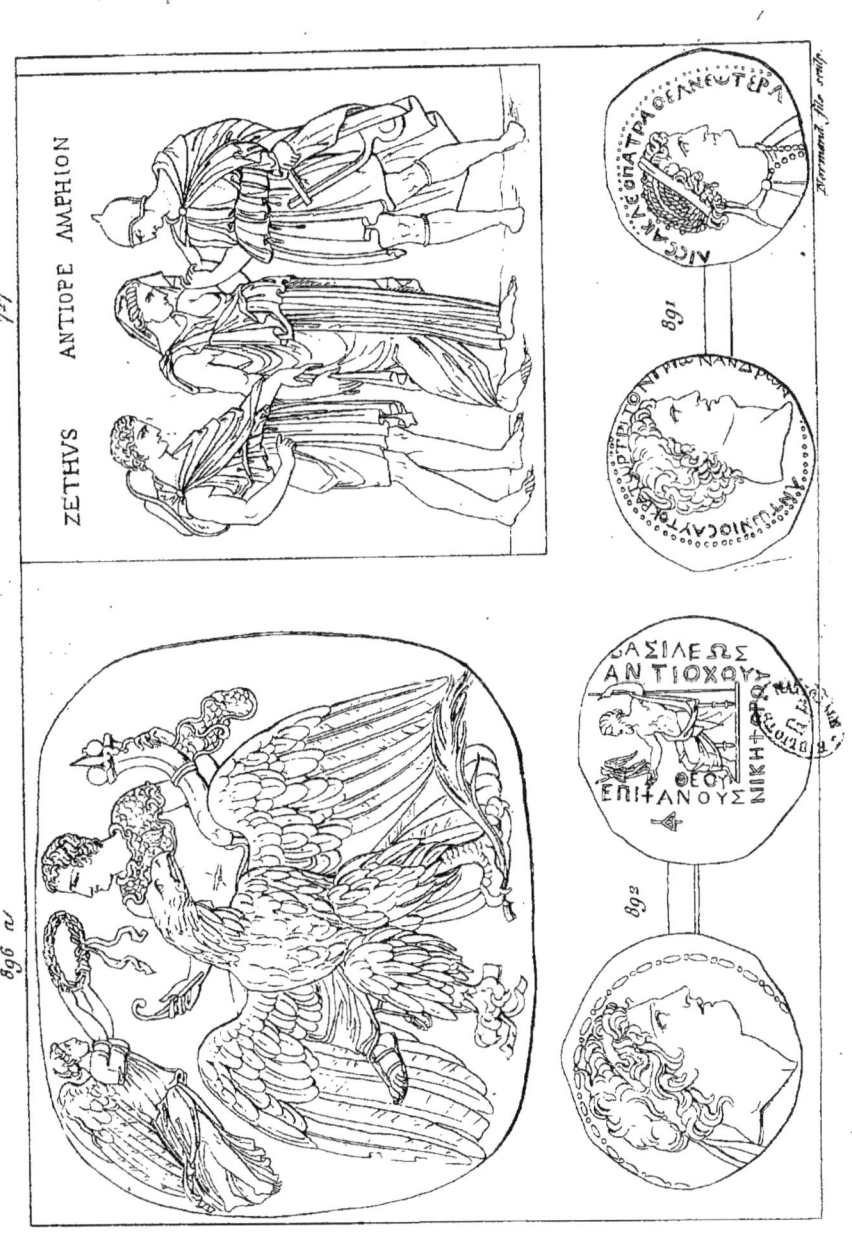

CCLIV.

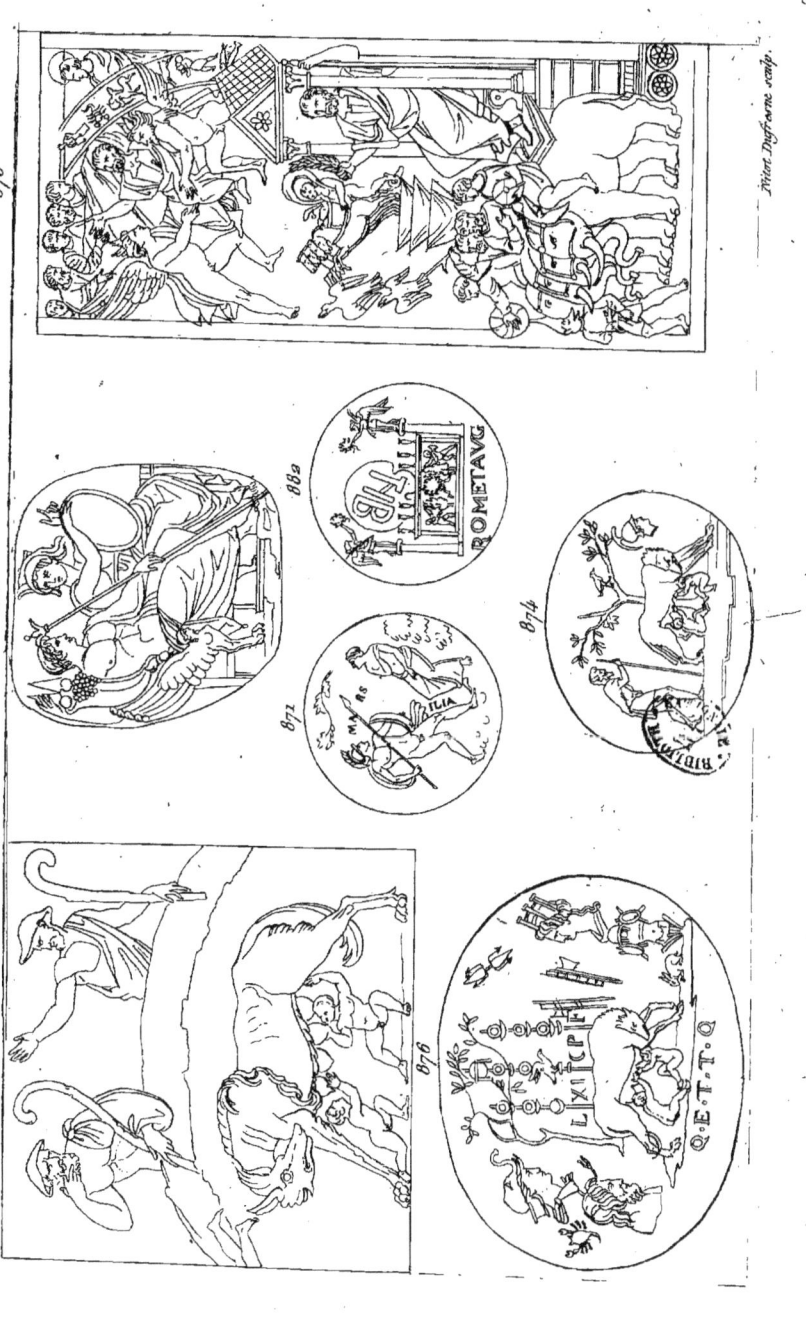

CCLV.

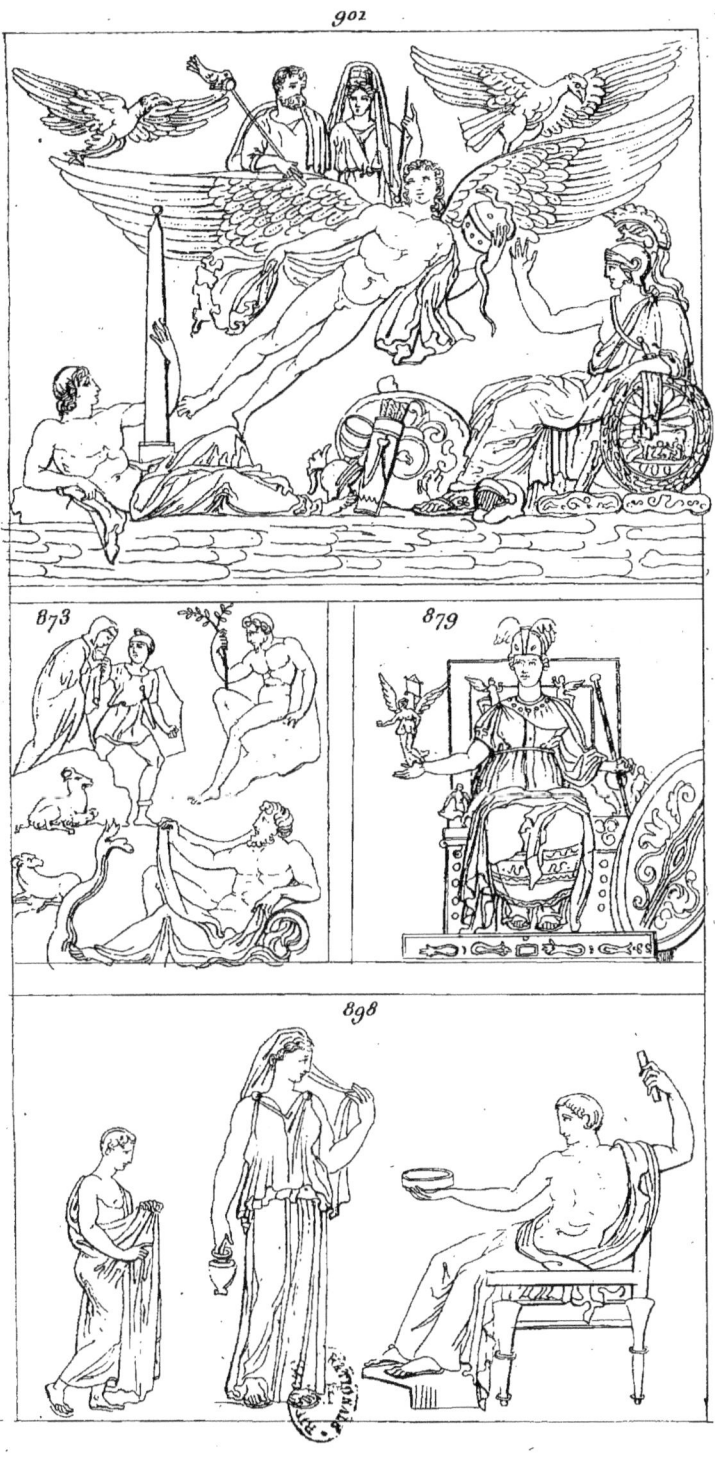

CCLVII

CCLVIII.

CCLIX.

CCLX.

CCLXII.